ZUR MITTELALTERLICHEN HERKUNFT EINIGER THEOREME IN DER MODERNEN ARISTOTELES-INTERPRETATION

BOCHUMER STUDIEN ZUR PHILOSOPHIE (BSP)

ISSN 1384-668X

Herausgegeben von
Kurt Flasch – Ruedi Imbach
Burkhard Mojsisch† – Olaf Pluta

For an overview of all books published in this series, please see
benjamins.com/catalog/bsp

Band 61

ERWIN SONDEREGGER

Zur mittelalterlichen Herkunft einiger Theoreme in der modernen Aristoteles-Interpretation

Eine Fallstudie anhand der Kommentare von Albertus Magnus und Thomas von Aquin zu Aristoteles' Metaphysik Λ

JOHN BENJAMINS PUBLISHING COMPANY
AMSTERDAM / PHILADELPHIA

Zur mittelalterlichen Herkunft einiger Theoreme in der modernen Aristoteles-Interpretation

Eine Fallstudie anhand der Kommentare von Albertus Magnus und Thomas von Aquin zu Aristoteles' Metaphysik Λ

ERWIN SONDEREGGER

JOHN BENJAMINS PUBLISHING COMPANY
AMSTERDAM / PHILADELPHIA

The paper used in this publication meets the minimum requirements of the American National Standard for Information Sciences – Permanence of Paper for Printed Library Materials, ANSI Z39.48-1984.

DOI 10.1075/bsp.61

Cataloging-in-Publication Data available from Library of Congress:
LCCN 2024001373 (PRINT) / 2024001374 (E-BOOK)

ISBN 978 90 272 1460 7 (HB)
ISBN 978 90 272 4706 3 (E-BOOK)

John Benjamins Publishing Company · https://benjamins.com

Inhaltsverzeichnis

Tabellenverzeichnis

Vorwort

In meinen Kommentaren zu *Metaphysik* Z[1] und zu *Metaphysik* Λ[2] und in weiteren Texten habe ich oft auf Sedimente mittelalterlicher Theoreme in der modernen Aristoteles-Interpretation hingewiesen. Das Buch, das Sie, geneigte Leserin, in Händen haben, weist das, was heute Sedimente sind, an ihrem ursprünglichen Ort nach, wo es noch lebendige Gedanken und Argumente waren. Es enthält die Auswertung des Materials, das in fünf Spalten den griechischen Text von *Metaphysik* Λ in der Fassung von Silvia Fazzo,[3] die Übersetzung der *Translatio Anonyma*, den Kommentar von Albertus Magnus dazu, den Kommentar von Thomas von Aquin und seine Vorlage, die Übersetzung von Wilhelm von Moerbeke, enthält. Diese Synopsis bildet die Grundlage dieser Auswertung und kann bei philpapers.org kostenlos heruntergeladen werden.

Dieses Buch, *Zur mittelalterlichen Herkunft einiger Theoreme in der modernen Aristoteles-Interpretation*, ist Teil eines grösseren Projekts.

Wenn man die europäische Philosophie als eine Reihe von Fussnoten zum Denken Platons bezeichnen kann, dann hat Aristoteles jedenfalls die ersten davon geschrieben. Dadurch hat er zugleich auch bis heute den Rahmen dafür festgelegt, wozu andere Fussnoten geschrieben haben. Wichtige platonische Themen, zu denen sich Aristoteles ausführlich geäussert hat, waren die Ideen, die Auffassung von Natur und Bewegung sowie die Reflexion auf den λόγος. Diese Reflexion hat er sozusagen im Auftrag Platons gemacht. Im *Sophistes* hat sich gezeigt, dass sie für jedes weitere Denken unerlässlich ist und vor jedem weiteren Denken gemacht werden muss. Es bedarf eines *linguistic turn* eigener Art, Aristoteles hat diesen im Organon vollzogen. Der Grund für die Unerlässlichkeit dieser Reflexion sind die Schwierigkeiten, die sich ergeben, wenn die Frage nach dem Sein gestellt wird; ohne die Reflexion auf den Gebrauch von *sein* in der Alltagsrede würde die Frage nach dem Sein diesen Gebrauch schlicht voraussetzen.

---

1. Erwin Sonderegger, *Aristoteles,* Metaphysik Z, *Einführung, Übersetzung, Kommentar*, Vollständig überarbeitete und um die Kapitel 13 bis 17 erweiterte Neuauflage, Königshausen & Neumann, Würzburg 2012.

2. Erwin Sonderegger, *Aristotle, Metaphysics Λ, Introduction, Translation, Commentary, A Speculative Sketch devoid God,* 28. 03. 2020; herunterzuladen bei philpapers.org

3. Die Fassung von Silvia Fazzo steht vermutlich der Übersetzungsvorlage der *Anonyma* nahe.

Das genannte grössere Projekt hat die Rezeption von Aristoteles und die sich daraus ergebenden Verformungen oder Verwerfungen zum Gegenstand, es befasst sich also gleichsam mit den Fussnoten zu Aristoteles. Die Darstellung wird folgendermassen vorgehen. Von heute ausgehend, werden, rückwärtsschreitend, einzelne Epochen der Aristoteles-Rezeption ausgewählt und mittels eines Vertreters oder einiger weniger dargestellt. Es werden Werke oder Werkbereiche hervorgehoben, die im Rückblick für die Epoche besonders relevant zu sein schienen, mit dem Ziel, Stellung zu nehmen zu diesen Rezeptionen vom Standpunkt der heutigen hermeneutischen Situation und vom heutigen Interesse aus. Was ist abzubauen, was ist zu behalten? Was ist, von heute aus gesehen, typisch zeitbedingt am jeweiligen Interesse an Aristoteles? Wovon müssen wir uns lossagen? Wie ist die jeweilige Rezeption von heute aus zu beurteilen? Kurz, die Wirkungsgeschichte soll zeitlich rückwärts aufgearbeitet werden, ihre Konstruktionen sollen destruiert werden.

Zweck davon ist letztlich aber nicht etwa, nachweisen zu wollen, dass man Aristoteles bisher falsch oder unvollkommen verstanden hätte. Vielmehr liegt dem ganzen Unternehmen die Überzeugung zu Grunde, dass jede Epoche, jede Welt, ein eigenes, von anderen möglicherweise wesentlich abweichendes Verständnis haben kann, denn jede denkerische Bezugnahme auf das Denken einer anderen Epoche steht in der je eigenen Welt und hat in dieser ihre Wahrheit. Trotzdem besteht auch die Aufgabe, das heutige Verständnis von allerlei gewohnheitsmässigen Auffassungen zu reinigen, gerade weil sie sich aus Epochen und Traditionen nähren, die nicht unsere sind. Gewissen Grundannahmen des heutigen Standardverständnisses von Aristoteles bestehen zu einem erheblichen Teil aus Fremdkörpern, die Relikte verschiedener Rezeptionen sind. Die aristotelische Philosophie hat deswegen in vielem auch den Anschein einer starken Irrelevanz. Deshalb hat Heidegger die Abtragung der Schichten gefordert, die sich unterdessen auf Aristoteles gelegt haben. Das epochenweise Rückwärts-Schreiten soll eben dies ermöglichen. Was je in den Epochen als das Besondere an Aristoteles gesehen worden ist, soll Anlass werden, es am Text zu prüfen, ob es immer noch als das Besondere gelten darf, oder ob es ersetzt werden muss durch eine neue Auffassung.

Es wird also notwendig sein, die Rezeption des *Corpus Aristotelicum* oder von Teilen davon in einer bestimmten Welt dazustellen durch den je bevorzugten, wirksamen Werkteil oder das besonders relevante Werk. Dann muss die Begrifflichkeit und die Thesen der jeweiligen Rezeption dargestellt werden. Dabei soll deutlich werden, was an dem betreffenden Verständnis durch die Voraussetzungen und Selbstverständlichkeiten der jeweils rezipierenden Welt bedingt ist, und das soll kontrastiert werden mit dem, was heute darüber gedacht werden kann.

Für das 19. und 20. Jh. steht der Wandel unserer Situation, aristotelische Texte zu verstehen, im Vordergrund. Diese Situation ist geprägt durch Einsichten, die die Hermeneutik erbracht hat. Ebenfalls zur Verbesserung unserer Situation, Aristoteles zu studieren, hat die historischkritische Aufarbeitung der aristotelischen Schriften im 19. Jh. beigetragen, die sich in neuen kritischen Ausgaben und Kommentaren manifestiert hat. Ein weiterer entscheidender Beitrag wurde durch die Arbeit von Werner Jaeger erbracht, der den Textcharakter des *Corpus Aristotelicum* entdeckt hat.

Dieser Teil des Projektes behandelt die Rezeption von Aristoteles im Mittelalter. Als Referenzpunkt dient das Verständnis von *Metaphysik* Λ. Ausgehend von einer Synopsis der Kommentare zu diesem Text von Albert dem Grossen und Thomas von Aquin, versuche ich in diesem zweiten Teil, die Hauptlinien ihrer Kommentare nach Inhalt und Methode darzustellen.

Am Anfang steht die Darstellung der Rahmenbedingungen dieser beiden Kommentare, es folgen Hinweise auf einige ausgewählte Einzelthemen. Auf Grund der Gliederungen des Wissens überhaupt und der Metaphysik im Allgemeinen, die Albert und Thomas vornehmen, kann die Position des Buchs Λ in diesem Ganzen und das jeweilige Ziel des Kommentars von Albert und von Thomas bestimmt werden.

Als Nebenprodukt dieser Studie hat sich die Einsicht in den Paradigmenwechsel in der Theologie dieser Zeit ergeben, wie er sich an den *Sentenzen* des Petrus Lombardus und den Kommentaren dazu von Albert, Bonaventura und Thomas ablesen lässt.

Bemerkung zum Namenverzeichnis

Nennungen von Albert, Thomas, Bonaventura sind nicht verzeichnet; ebenso nicht die Herausgeber ihrer Werke, Aristoteles dann nicht, wenn eine Stelle aus seinem Werk zitiert wird, meine eigenen Schriften auch nicht.

Grundlagen dieser Darstellung

Albert, *Sentenzenkommentar*: *Alberti Magni Super I librum Sententiarum, Distinctiones 1–3*, edidit Maria Burger, Aschendorff, Münster 2013.

Albert, Kommentar zu *De Caelo et Mundo*: *Alberti Magni ... De Caelo et Mundo*, edidit Paulus Hossfeld, Aschendorff, Münster 1971.

Albert, *Summa Theologiae*, herausgegeben von Dionysius Siedler, unter Mitwirkung von Wilhelm Kübel und Heinrich Vogels, Aschendorff, Münster 1978.

Albert, Kommentar zur Metaphysik: *Alberti Magni … Metaphysica*, edidit Bernhardus Geyer, Aschendorff, Monasterium Westfalorum 1960.

Bonaventura, *Sentenzenkommentar*: *Bonaventurae … Opera Omnia*, Tomus Primus, ed. A. C. Peltier, Paris 1864.

Bonaventurae Opera Theologica Selecta, Editio minor, Tomus I, Quaracchi / Florenz, 1934.

Thomas, Kommentar zur Metaphysik: Internetversion aus dem *Corpus Thomisticum* (von hier stammen die fünfstelligen Zahlen, die mit 8 beginnen: 8xxxx).

Thomas, Prolog des Kommentars zu den Sentenzen: Adriano Oliva, *Les débuts de l'enseignement de Thomas d'Aquinas et sa conception de la* sacra doctrina. *Avec l'édition du prologue de sonn commentaire des Sentences*, Vrin, Paris 2006.

Petrus, *Sentenzen*, Ausgabe von Jean Aleaume (ed. Migne, Paris 1853).

Zahlen in der Form von "1075b34" beziehen sich auf die Bekker-Ausgabe von Aristoteles.

Zu allen hier verhandelten Fragen geben ausführlich Auskunft und Literatur:

Sammelbände von Walter Senner OP zum 800 Jahrestag von Albert dem Grossen, 2001, von Ludger Honnefelder, Rega Wood, Mechthild Dreyer, Marc-Aeilko Aris, 2005, der von Irven M. Resnick herausgegebene *Companion* zu Albert dm Grossen, 2013, der *Companion* zu den mittelalterlichen Kommentaren zu Aristoteles von Fabrizio Amerini und Gabriele Galluzzo, 2014, sowie natürlich der von Alexander Brungs, Vilem Mudroch und Peter Schulthess herausgegebene Band des *Grundriss*, 2017; genauere Angaben siehe im Literaturverzeichnis.

KAPITEL 1

Rahmenbedingungen der beiden Kommentare

1.1 Stellung der Kommentare im Werk von Albert bzw. Thomas

Albert wurde um 1200 oder kurz davor geboren, gestorben ist er 1280, *octogenarius et amplius*. Vor der Mitte des Jahrhunderts war er zuerst als Student, dann als Magister und Doktor an der Sorbonne in Paris. Thomas war sein Schüler, er folgte Albert 1248 nach Köln, wo Albert mit der Organisation eines *Studium generale* beauftragt war. Albert war nicht der reine Gelehrte, er musste verschiedene Aufgaben übernehmen, die ihn ausserhalb der Studierstube führten. Albert musste Ämter besetzen und sich mit Alltagsfragen befassen. Den Berichten zufolge tat er das eher ungern, es war Teil seiner Pflichterfüllung. Als Provinzial der Dominikaner musste er ab 1254 während vieler Jahre ausgedehnte Reisen in der deutschen Provinz unternehmen. 1260 wurde er zum Bischof von Regensburg ernannt, wovon er sich möglichst bald entbinden lassen wollte. Er erhielt auch den Auftrag, Predigten zum Kreuzzug zu halten (1263), es ist nicht sicher, ob er tatsächlich solche Predigten hielt. Er musste sich für die Schlichtung von Rechtsstreitigkeiten zwischen den Bürgern der Stadt Köln und der kirchlichen Obrigkeit einsetzen.

Seit der Mitte des Jahrhunderts arbeitete er an seinem Aristoteles-Projekt.[4] Zur Datierung des Metaphysik-Kommentars schreibt Henryk Anzulewicz:[5]

> Chronologisch folgte Alberts Metaphysik-Kommentar auf seine Schriften *De animalibus* und *De natura et origine animae* sowie auf seinen zweiten Ethik-Kommentar und Buch II von *De intellectu et intelligibili*. Er fällt in die Zeit seines Wirkens in Würzburg und Strassburg ab 1264, nachdem er, 1262 vom Bischofsamt zurückgetreten, ab 1263 für knapp zwei Jahre das Amt des Kreuzzugslegaten zumindest formal angetreten hatte.

---

4. Zum Leben von Albert siehe I. M. Resnick, "Albert the Great: Biographical Introduction," in: Irven M. Resnick (ed.), 2013.

5. Henryk Anzulewicz, „Der Metaphysik-Kommentar des Albertus Magnus und das Buch Lambda. Eine Einführung," p. 2, auf philpapers.org

Albert hatte also Erfahrungen im praktischen politischen Leben und auch schon eine Vergangenheit als philosophischer Schriftsteller, als er am Metaphysik-Kommentar zu arbeiten begann.

Thomas wurde um 1224/5 geboren, knapp eine Generation nach Albert; 1244 trat er in den erst kurz zuvor (1215) gegründeten Dominikanerorden ein, seine Eltern hatten eigentlich vor gehabt, ihn in Montecassino Benediktiner werden zu lassen. Er studierte bei Albert in Paris und Köln bis 1251/2, lehrte dann selbst in Paris, gefördert von Albert. Er wurde vom Orden damit beauftragt, an verschiedenen Orten in Italien Bildungseinrichtungen zu organisieren (Neapel, Orvieto, Rom). So hatte auch Thomas praktische Arbeiten zu leisten.

In Rom entstand der Plan, ein Handbuch für Anfänger der Theologie zu schreiben, die *Summa Theologiae*; ebenfalls mit dem Lehrbetrieb hängen die *Disputationen* zusammen. In Rom begann er mit der Kommentierung des *Corpus Aristotelicum*. Neben anderen schriftstellerischen Tätigkeiten begann Thomas in Neapel mit der Kommentierung der *Metaphysik* und des *Liber de Causis*. Der Kommentar zur *Metaphysik* stand aber nicht wie sonst üblich im Zusammenhang mit dem Lehrbetrieb, Thomas wollte damit die Grundlagen der *Summa Theologiae* legen und sich selbst Gewissheit und Sicherheit in metaphysischen Fragen verschaffen.

Als Thomas den *Metaphysik*.Kommentar schrieb, lebte Albert noch, allerdings eher zurückgezogen in Köln, erwähnt oder Bezug genommen hat Thomas auf dessen Kommentar jedoch nicht. Seine wissenschaftliche Produktion war in dieser Zeit enorm; Ruedi Imbach schreibt:[6]

> In den letzten 16 Monaten seiner literarischen Aktivität brachte er es in 466 Tagen auf 2747 Seiten. (bei durchschnittlich 742 Wörtern pro Seite)

Thomas starb im März 1274, also noch vor Albert, nachdem er im Dezember 1273 einen Anfall von Depression erlitten hatte, von dem er sich offenbar nicht mehr erholte.[7]

Beide Kommentare sind in in der Reifezeit der Autoren geschrieben, beide haben grössere und bedeutende philosophische Vorarbeiten.

---

6. Ruedi Imbach, 2017, 345; unter Berufung auf Jean-Pierre Torrell, 2015, 570.
7. Ausführlich zum Leben von Thomas verschiedene Autoren unter „B. Person“ in: Volker Leppin 2016.

1.2 Textvorlagen

Sowohl Albert als auch Thomas haben für ihre Kommentare mehrere Vorlagen benutzt.[8]

Für Albert war die wichtigste Vorlage die *Translatio Anonyma*, für Thomas die von Moerbeke revidierte Version dieser Vorlage. In der Synopsis, dem ersten Teil dieses Buches, sind die griechische Vorlage, die Übersetzung der *Anonyma*, der Kommentar von Albert, der Kommentar von Thomas und die Version von Moerbeke in fünf Spalten zusammengefasst.

1.3 Die Zeitlage

Es scheint, dass zu den Grundzügen im mentalen Wandel, der, grob gesprochen, zeitlich parallel zum Wandel von der Romanik zur Gotik in Europa stattfand, eine neue Schätzung der Reflexion und einer bestimmten Art von Rationalität gehören. Nun sind Reflexion und Rationalität Luxusgüter, die erst dann angestrebt werden können, wenn der Mensch, die entsprechende Gesellschaft, hinreichend Musse hat und hinreichend von der Sorge um den alltäglichen Lebensunterhalt entlastet ist.[9]

Da stellt sich die Frage, ob, wie, mit welchen Mitteln, dieser Zustand der Musse im Übergang zum 13. Jh. möglich geworden war. Was kennzeichnet wirtschaftlich, gesellschaftlich, politisch, religiös, kirchlich, in der Verteilung der Macht, in der Kunst, in der Technik, in der Lebensweise das 13. Jahrhundert, in der Weise, dass günstige Voraussetzungen für die Wertschätzung von Reflexion und Rationalität entstanden sind, welche ihrerseits die Bevorzugung der aristotelischen Philosophie gegenüber dem vorher aktiven platonisch-augustinischen Denken gefördert haben? Ich versuche im Folgenden einige Merkmale zu benennen, die eben zu diesem Prozess der Veränderung der westlichen Welt vom 11. zum 13. Jahrhundert geführt haben können.[10]

8. Ruedi Imbach, 2021, 22, äussert sich pp.22 und 46 dazu; ausführlicher sind Fabrizio Amerini, Gabriele Galluzzo, im *Companion*, 2014; siehe dort auch weitere Beiträge. Weitere wichtige Arbeiten zum Thema sind: Silvia Donati, in: Ludger Honnefelder, 2009, 509–560. Jürgen Wiesner (Hrsg.),1987, darin im Besonderen: Gudrun Vuillemin-Diem (Köln): p.434–486; B. Geyer, 1917, Band 30, pp.392–415; Henryk Anzulewicz, 2020; F. Pelster, 1936, Vol. 17, No. 3 (1936), pp.377–406; Martin Grabmann, 1929, Heft 7; Gerhard Krieger, 2016; B. G. Dod, 1982, 45–79; C. Lohr: in: N. Kretzmann, 1982, 80–98; G. Wieland: 1985, Band 47, pp.605–630. Henryk Anzulewicz, „Der Metaphysik-Kommentar des Albertus Magnus und das Buch Lambda. Eine Einführung," auf philpapers.org.

9. Aristoteles, *Metaphysik*, A 1, 981b23.

Aufschwung des Wirtschaftlebens

Da zu den ersten Voraussetzungen die Entlastung des alltäglichen Lebensbedarfs gehört, muss zuerst die wirtschaftliche Lage betrachtet werden. Vom 9. bis zum 12. Jh. bilden sich grosse, einheitlich verwaltete Gebiete, Königsreiche. Nach der Kolonisation im Norden und Osten und der Rückeroberung Spaniens ist ganz Europa christlich. Die einheitliche Verwaltung hat schon Karl der Grosse vorbereitet, sie hat sich überall durchgesetzt. Die Grösse, die einheitliche Verwaltung und die einheitliche Religion erleichtern die Mobilität der Menschen, den Austausch von Gütern, den Geldfluss. Güteraustausch von Export-Importgütern wird leichter auf den Märkten in den sich bildenden und vergrössernden Städten, es bildet sich eine Geldwirtschaft, das Kreditgeschäft wird wichtig. Wenn das kirchliche Wucherverbot nicht sonstwie umgangen werden konnte, war der Verleih von Krediten oft das Geschäft von Juden.

Die Landwirtschaft gewinnt durch Rodungen mehr Anbaufläche. Dadurch, aber auch durch die „landwirtschaftliche" und „industrielle Revolution" des Mittelalters wachsen die Erträge bedeutend, was wiederum das Bevölkerungswachstum fördert. Zu diesen Revolutionen gehören der neue Räderpflug, der Kummet für Pferde, die Dreifelderwirtschaft mit vermehrtem Anbau von Gemüse, der 4-rädrige Wagen, die Verwendung von mehr Eisen für Werkzeuge, die Nutzung der Wasserkraft durch Wassermühlen für das Mahlen des Getreides; für die Erzbearbeitung erlaubt die neu erfundene Nockenwelle die Umsetzung der Kreisbewegung des Wasserrades in eine Längsbewegung, realisiert beispielsweise im Eisenhammer,[11] beim Walken zur Gewinnung von Leder. Nicht viel später treten Windmühlen als weiteres Hilfsmittel dazu. Nicht nur Anbaufläche, auch neue Dörfer entstehen durch Rodungen, Dörfer sind nicht mehr einsame Inseln im Wald. Die Leibeigenschaft nimmt ab, oft wird sie allerdings ersetzt durch neue Formen der Abhängigkeit, die nicht immer den alten Zustand verbessern.

Das Spinnrad ermöglichte schnelleres Erzeugen von Faden und Garn als die alte Handspindel. Erfindung und Nutzung des Steigbügels erzeugt die neue Kampfform der Ritter. Im Bauwesen gab es Verbesserungen, Zeichnungen und Pläne sind seit dem 13. Jh. überliefert, es finden sich gelegentlich Ritzzeichnungen auf dem Boden, Schablonen werden zur Herstellung gleicher Bauteile verwendet, die Organisation des Baubetriebs durch die Hüttenorganisationen und Steinmetzbruderschaften machen das Bauen effizienter. Die Arbeit unter geregelten Arbeits-

10. In manchen Punkten des Folgenden stütze ich mich, neben weiterer historischer Literatur, die später zitiert wird, auf Jacques LeGoff, 1965.

11. Die Begeisterung dafür ist noch zu spüren in der Ballade von Friedrich Schiller, 1797, *Der Gang zum Eisenhammer.*

zeiten und Lohn geht besser voran als die Fronarbeit. In den Städten mit dem geringeren Platzangebot kam der Ständerbau mit seinem Fachwerk auf, diese Baumethode gibt dem Gebäude grössere Stabilität. Im Kirchenbau ersetzt langsam der gotische Spitzbogen, das Kreuzrippengewölbe und die Strebepfeiler die romanische Bauweise mit ihren massigen Rundbögen und Bogengewölben, wie sie noch von den Römern her üblich waren. Es werden höhere, elegantere, lichtdurchflutete Bauten möglich.[12]

Gesellschaft und Städtebildung

Städtegründungen nehmen ab 1050 massiv zu, um 1100 ist ein starkes Bevölkerungswachstum zu verzeichnen. Die Städte werden oft ringförmig (bei Hügeln) oder schachbrettartig angelegt, schon das ein Zeichen von Rationalisierung. Die Stadt fördert die Arbeitsteilung. Die Handwerker organisieren sich in Gilden und Zünften. Produktion und Handel machen sich selbständig und blühen. Durch ihre wirtschaftliche Macht gewinnen die gesellschaftlichen Gruppen mehr rechtliche und politische Macht als es je der Einzelne hatte. Kirchliche und weltliche Körperschaften bauen je ihre Verwaltung auf. Die Städte, vor allem die neu gegründeten, emanzipieren sich von den Fürsten und verlangen und erhalten auch eigene Rechte, Privilegien. Bauern fliehen in die Stadt: „Stadtluft macht frei."

Im Zusammenleben vieler Menschen entstehen Stände und soziale Gruppen, die sich gesellschaftlich neu ordnen. Neben die Kirche (oft ein Bischof als Inhaber der politischen Gewalt) treten die Bürger, die Handwerker, die Händler, die Patrizier, die Ritter, der niedere Adel, die geflohenen Bauern, die Unfreien. Je nach Situation haben sich einzelne Gruppen der Städter gegen die jeweils Herrschenden verbündet. So bildet sich ein ‚Stadtgeist.'

Besonders die Bauern und die Adligen waren nicht einfach die Fortführung bestehender Schichten des Frühmittelalters, es waren Neubildungen der Zeit. Die früheren Bauern konnten nicht über Generationen auf demselben Hof leben, weil der Boden durch die extensive Landwirtschaft bald einmal ausgelaugt war. Das ändert sich mit den Erfindungen des Hochmittelalters, Pflug, Pferd, Dreifelderwirtschaft, Düngung. Die Bauern können nicht mehr Kriegsdienst leisten, weil die Ausrüstung zu teuer wird und das Fernbleiben vom Hof die nun mögliche Bewirtschaftung zu stark beeinträchtigt, sie begeben sich freiwillig in die Abhängigkeit von einem Kloster oder Fürsten. Für diese Entlastung bezahlen sie Zehnten, dafür werden sie nun richtig sesshaft. Als Gegenleistung sorgt der Fürst für Frieden in seinem Gebiet, er leistet Kriegsdienst; so entsteht neue gesellschaftliche Ordnung. Der Adel wird zu einer homogenen Schicht, ist familienmässig

12. Bei den Baufragen habe ich mich auf Günther Binding, 1993, gestützt.

organisiert, hat wirtschaftliche und rechtliche Privilegien, sein Besitz bleibt relativ stabil und er verfügt über von ihm abhängige Personen.[13] Könige, Fürsten, Adlige bezeichnen sich nun eher mit Familiennamen (Stauffer, Zollern, Habsburger) als mit den Vornamen wie vorher (Ottonen).

Die Mobilität ist generell gross, schon die verschiedenen Arbeitsorte von Albert und Thomas zeigen dies deutlich, daneben ist viel fahrendes Volk unterwegs, Kaufleute, Pilger, Studenten, Kleriker, schliesslich auch die Kreuzfahrer.

Innerkirchliche Umwälzungen

Wenn wir uns Klarheit über die Hintergründe der neuen Schätzung von Reflexion und Rationalität der Denker des 12. und 13. Jahrhunderts verschaffen wollen, darf nicht ausser Acht gelassen werden, dass in der Kirche selbst grosse Umwälzungen in dieser Zeit stattfinden.

Verweltlichung und zu grosse Nähe zur weltlichen Macht führen zu Reformbewegungen, es gibt eine Rückbesinnung auf ursprüngliche christliche Ideale. Ein Teil dieser Bewegungen mündet in Ordensgründungen. Auf dieser Seite wird die Loslösung der Kirche aus den Verstrickungen mit der Welt gesucht.

Auf der anderen Seite sucht die Kirche selbst, die Welt sich untertan zu machen, nachdem sie zu sehr von der weltlichen Macht kontrolliert war. Die Kirche, d. h. deren Führung, versucht, sich aus der starken Verflechtung mit dem Staat zu lösen, die Propagierung der *libertas ecclesiae* und die gregorianischen Reformen sollen dabei helfen. Dieser Trend endet im Versuch, die Machtverhältnisse umzukehren, die Kirche, d. h. der Papst, beansprucht alle Macht für sich, der Kaiser soll sich ihr unterordnen. *Dictatus Papae*, 1075, von Gregor VII markiert schriftlich den Beginn der Bewegung, die Bulle *Unam Sanctam*, 1302, von Bonifatius VIII stellt einen gewissen Abschluss dieser Bemühungen dar, die allerdings ohne nachhaltige Folgen blieben. Zur Zeit der Formulierung der Bulle hat sich die Zeitlage schon stark verändert, vielleicht ist *Unam Sanctam* nicht mehr als eine Reaktion auf diese Veränderung (ihr ursprünglicher Anlass war die Besteuerung der Priester durch den französischen König).

Mit dem Schisma von 1054 driften Ost- und Westeuropa auseinander. Ritus und Dogma unterscheiden sich nun deutlich. Im Osten sind die Griechischkenntnisse noch vorhanden, im Westen sind sie selten.

Der Investiturstreit, ausgelöst durch die Besetzung des Erzbistums Mailand 1075 durch Heinrich IV, an der Wende des 11. zum 12. Jahrhundert, steht dazwischen. Er stellt einen Versuch dar, die Machtverteilung und die Kompetenzen von Papst und weltlicher Macht, dem Kaiser, neu zu regeln. Die Kompetenzen

---

13. Zu Adel und Bauern siehe Hartmut Boockmann, 1985.

des *sacerdotium* und des *regnum / imperium* sollen geordnet werden; mit der Zeit, besonders seit der Gründung der Universitäten, tritt das *studium* als weiterer wichtiger Bereich dazu. Ein Ausgleich des Investiturstreits wird im Wormser Konkordat, 1122, gefunden; er befriedigt zwar beide Parteien nicht, wird aber langfristig dennoch als pragmatische Lösung akzeptiert. Trotzdem verteidigt die *Ecclesia* den Anspruch, sowohl die geistliche als auch die weltliche Macht auszuüben.[14]

So bilden sich im 12. und 13. Jh. neue stabile Einheiten, kirchlich und politisch, jedenfalls im Vergleich zur Zeit der arabischen, normannischen, slawischen, ungarischen Eroberungen vom 6. bis zum 10. Jh. und der Zeit der kirchlichen Auseinandersetzungen.

Natur

Vor dem 13. Jh. dient die Betrachtung der Natur dazu, in allem die Spur Gottes zu suchen, Ziel der Betrachtung der Naur ist, Gott zu finden und zu verehren. Das hält sich konfessionell durch bis heute,[15] wie nachzulesen ist in: *Römisch-katholischer Katechismus* (Ausgabe 1997):

> II Die Wege zur Gotteserkenntnis
> 31 Da der Mensch nach dem Bilde Gottes erschaffen und dazu berufen ist, Gott zu erkennen und zu lieben, entdeckt er auf der Suche nach Gott gewisse „Wege“, um zur Erkenntnis Gottes zu gelangen. Man nennt diese auch „Gottesbeweise“, nicht im Sinn naturwissenschaftlicher Beweise, sondern im Sinn übereinstimmender und überzeugender Argumente, die zu wirklicher Gewißheit gelangen lassen. Diese „Wege“ zu Gott haben die Schöpfung – die materielle Welt und die menschliche Person – zum Ausgangspunkt.
> 32 Die Welt. Aus der Bewegung und dem Werden, aus der Kontingenz, der Ordnung und der Schönheit der Welt kann man Gott als Ursprung und Ziel des Universums erkennen.

Einige fähige Köpfe im 12. und 13. Jahrhundert haben versucht, noch andere Ziele der Naturbetrachtung zu finden, um einige Beispiele zu nennen:

- 1115–1190, Dominicus Gundissalinus, (Toledo; Übersetzer und Philosoph)[16]
- 1168–1253, Robert Grosseteste (Oxford, hat Griechisch gelernt und Übersetzungen gemacht; interessiert an methodischen Fragen)

---

14. Das wirkt sich zum Teil bis heute aus, insofern viele führende Köpfe der katholischen Kirche es einfach nicht begreifen, dass z. B. Kindsmissbrauch nicht nur eine Sünde, sondern eine Straftat ist, die rechtlich verfolgt werden muss.

15. Viele Aristoteles-Forscher sind katholisch oder arbeiten an entsprechenden Institutionen.

16. Alexander Fidora, 2003.

- 1080–1150, Adelard von Bath, (*Quaestiones Naturales*)[17]
- 1200–1280, Albertus Magnus (Paris, Köln; scharfe Trennung theologischer und philosophischer Argumentation)
- 1210–1292, Roger Bacon (Oxford; Abkehr vom blossen Buchwissen, Wendung zu Beobachtung und Erfahrung)

Es gab eine beachtliche Anzahl von Sammlungen zu Naturfragen, die von Plinius dem Älteren, Seneca dem Jüngeren, Macrobius, Martianus Capella, Isidor von Sevilla, dann, im 13. Jh. traten die der Natur gewidmeten Bücher von Aristoteles dazu. Es war auch die Übersetzung des *Timaios* von Calcidius bekannt, auch von Schriften von Theophrast, von Hippokrates und Galen hatte man Kenntnis.

Wer Fragen zur Natur hatte, suchte diese zunächst einmal auf dem Grund dieser Literatur zu beantworten. Die soeben genannten Denker des 12. und 13. Jh. und viele weitere haben auf je ihre Weise versucht, von diesen Texten einen anderen Gebrauch als bisher zu machen, nämlich sie als Anregungen zur eigenen Naturbeobachtung zu benutzen.

Bildung

Die Zeit sucht Rationalität. Was sind ihre Gegenstände, wie geht sie vor, was ist ihre Methode, ihr Denkstil? Was ist ihr Ziel?

Der Gegenstand der Rationalität ist gegeben durch die Offenbarung, gesucht wird das Zusammenwirken von *fides* und *ratio*. Die Philosophie soll eingesetzt werden zur Deutung und zum Verständnis dessen, was zu glauben ist.[18] In dem engen Verhältnis von Philosophie und Theologie ist aber die Offenbarung mit ihren Glaubenssätzen dem, was die Philosophie mit ihrer *ratio* finden kann, übergeordnet. Im Zweifelsfall entscheidet die Offenbarung über die Wahrheit.

Methodisch bemüht sich die Rationalität zunächst einmal darum, die grossen Massen des Überlieferten zu ordnen, Systeme zu bilden, sie zu harmonisieren.[19]

---

17. Simon Webb, 2019. Andreas Speer vom Thomas-Institut in Köln, beendet seine Rezension (Speer, 2000, Vol. 5, No. 1, pp.104–106) der Übersetzung und Ausgabe von drei Werken von Adelard von Bath durch Charles Burnett, Italo Ronca, Pedro Mantas Espafia, Baudouin van den Abeele, 1998, mit den Worten:

> The present edition of the three dialogues of Adelard of Bath with his nephew opens up a striking insight – even to a wider audience – into an important development in the history of natural philosophy and natural science in the twelfth century, which can be seen as the point of departure for the modern understanding of natural science and finally led to the reception of the Aristotelian *libri naturales*.

18. Anselm: *fides quaerens intellectum*; *credo ut intelligam*; nach augustinischem Vorbild.

Definieren, Beweisen, Deduzieren, System bilden, wurden zu den wichtigsten Zielen. Die Senzentenbücher und die Summen zeugen davon, die Florilegien belegen die Macht der Autoritätenmethode.[20] Die Florilegien, auch jene, die naturwissenschaftliche, historische, medizinische, astronomische oder noch andere Themen haben, haben vor allem den Zweck, die Erläuterung und das Verständnis der Bibel zu verbessern. Vorbilder der Florilegien waren etwa Plinius' *Naturalis historia* oder die *Etymologien* von Isidor von Sevilla.

In der Zeit der Kirchenväter war die Theologie hauptsächlich eine Sache von Bischöfen gewesen. Vom 12. Jh. zum 13. Jh. verlagerte sich die Ausbildung in Theologie von den städtischen Klerikerschulen und Ordensschulen, in welchen Geistliche und Verwaltungspersonal ausgebildet werden sollten, weg zu den Universitäten, an welchen, nicht allein, aber doch primär, Ordensleute lehrten.

19. Schon Baumgartner, [1926], 1967, 154, spricht von der „Systematisierung des Gegebenen."

20. Zu den Florilegien siehe Alexander Brungs, § 8. Enzyklopädien und Florilegien, in: Grundriss, Mittelalter, 4.

KAPITEL 2

Einzelne Themen

Ich liste hier jene Themen auf, die bei Albert und Thomas entweder erstmals in die Aristoteles-Interpretation eingeführt worden sind, oder die bei ihnen besonders deutlich sichtbar sind oder eine zentrale Rolle spielten. Einige dieser Themen haben sich von selbst überlebt, z. B. die Gestirns-Intellekte, andere aber sind bis heute aktiv, z. B. Fragen, die die Substanz betreffen.

2.1 Substanz, *prima substantia*

Dass οὐσία mit *substantia* korrekt übersetzt ist und auch Substanz bedeutet, wird nicht diskutiert, es ist damals wie heute selbstverständlich. Albert und Thomas können diese Diskussion auch gar nicht führen, da sie keine oder wenigstens nicht genügende Griechischkenntnisse hatten. Diese Diskussion wäre allenfalls von den Übersetzern zu führen gewesen. In den Übersetzungsvorlagen, die Albert und Thomas benutzt haben, finde ich keine entsprechenden Hinweise.

In *Sententiae, Distinctio* XXIII, D, referiert Petrus jedoch *De Trinitate*, VII, cap. 4, wo Augustinus über die Übersetzungsmöglichkeiten von οὐσία und ὑπόστασις spricht. An der entsprechenden Kommentarstelle (*Sententiae, Distinctio* XXIII, D, *Articulus* 4) diskutiert Albert, was diese Worte, οὐσία, οὐσίωσις, ὑπόστασις, πρόσωπον, und die entsprechenden lateinischen Übersetzungen *essentia, subsistentia, substantia, persona* bedeuten. Er geht dabei so vor, dass er die Erläuterungen von Augustinus, Boethius, Hieronymus, und Marcus Tullius (ich nehme an, er meint damit Cicero, doch ist mir nicht klar, welches Buch und welche Stelle Albert meint) referiert und einander gegenüberstellt. Dadurch soll der Unterschied der Bedeutungen dieser Termini im Griechischen und im Lateinischen nach den Quellen deutlich werden; Albert weist zudem auf den weiteren Unterschied der Bedeutungen hin, den diese Begriffe bei den Philosophen und den *Sancti* haben; der Gebrauch der Letzteren unterscheide sich vom Gebrauch der Worte bei den Philosophen, weil sie den Glauben einfachen Leuten hätten erklären müssen. In der *Solutio* sagt Albert (Borgnet, 592):

> *in philosophia enim hypostasis dicitur prima materia, et usiosis forma prima, et usia compositum,*

die *substantia* identifiziert er mit der *hypostasis*, was sprachlich korrekt ist, aber nicht dem sonst üblichen Substanzbegriff entspricht; zur *essentia* sagt Albert:

> *Essentia autem est illa a qua est esse, et cuius actus est esse, ut dicit Boetius et Tullius: esse autem non est actus essentiae nisi quae est in materia.*

Im Ganzen kann man sagen, Petrus und Albert übernehmen den Sprachgebrauch, den Augustinus und Boethius festgelegt haben, insofern bei ihnen Substanz jenes bedeutet, das ohne eines anderen zu bedürfen existiert, und das, was Grundlage der Akzidenzien ist (Borgnet, 592b); auch Suarez, am Ende des Mittelalters, fasst das noch in diesem Sinne zusammen. Beide, Albert und Thomas, haben zwar neben einer Hauptvorlage noch andere Übersetzungsvorlagen konsultiert,[21] doch können sie ihre Entscheide für die eine oder andere Variante nicht auf Grund von Griechischkenntnissen oder Textkritik gefällt haben. Ihr Kriterium war die theologische Kompatibilität.

Die zweisprachigen Kirchenväter wie Marius Victorinus, Augustinus, Boethius, haben noch Alternativen zur Übersetzung von οὐσία erwogen, doch schliesslich hat sich der *ecclesiasticus usus loquendi* durchgesetzt, *substantia* zu verwenden.[22] Der Glaube daran, dass der Begriff der Substanz οὐσία sowohl sprachlich als auch sachlich korrekt wiedergebe, ist geblieben, von der Zeit der Kirchenväter über Albert und Thomas bis heute. Das ist erstaunlich, weil diese Gleichung *offensichtlich* falsch ist.[23] Was das Phänomen noch erstaunlicher macht, ist die Tatsache, dass dieser Glaube nicht nur in scholastischen und neoscholastischen Kreisen gepflegt wird, wo das leicht verständlich ist, denn da wird der Begriff der Substanz sowohl theoretisch als auch pastoral gebraucht, sondern auch unter Philosophen und Philosophiehistorikern, die gar keine Bedarf an ‚Substanz' haben.

Es ist mir wichtig festzuhalten, dass meine Argumente gegen die Gleichung von Substanz mit οὐσία sich nicht gegen die Verwendung des Begriffs der Substanz selbst wenden – soll ihn brauchen, wer dessen bedarf – sondern dagegen, dass behauptet wird, der Begriff der Substanz könne sich auf Aristoteles stützen oder sei von Aristoteles selbst schon verwendet worden.

---

21. Siehe oben, 1.2.

22. Einige Hinweise dazu siehe Erwin Sonderegger, *Aristoteles' Theorie der Natur, betrachtet unter den Bedingungen unserer heutigen hermeneutischen Situation*, Anhänge, 7.1, „Etymologie von ousia und Wortgeschichte substantia," herunterzuladen bei philpapers.org.

23. Einige Argumente in: "Why οὐσία is not substance," German and English, E. Sonderegger bei philpapers.org; am selben Ort ausführlich zum Thema Substanz-Metaphysik: Erwin Sonderegger, 28. 03. 2020, Part II, Chapter 2.

Die christliche Theologie hatte einen Bedarf an diesem Begriff. Wie aus Augustins *De Trinitate* leicht ersichtlich ist, ist der Begriff nötig, um Fragen der Trinität zu klären (Gott darf nicht als drei Substanzen gedacht werden und doch sind es drei, Vater, Sohn und Heiliger Geist); die Schrift *De Homoousio recipiendo* von Marius Victorinus zeigt deutlich, dass der Begriff nötig ist um Fragen der Person Christi, seiner Natur, seiner Inkarnation zu klären (beispielsweise, ob Christus eine menschliche oder eine göttliche Substanz habe). Fragen des Verhältnisses zwischen οὐσία, Person, *substantia*, ὑπόστασις, hat Boethius in *Opuscula Sacra* V ausführlich reflektiert; als Resultat ergab sich die Bestimmung der Person als einer *naturae rationabilis individua substantia*; diese blieb für Jahrhunderte bestimmend.[24]

Später kamen Fragen der Transsubstantiation dazu. Die Realpräsenz Christi im verwandelten Brot und Wein ist eines der Dogmen. Die katholische Dogmatik bezieht sich in ihrer Theorie der Wandlung auf die Abendmalsberichte in den Evangelien, im Besondern aber auf das Referat von Paulus im *Korintherbrief* 1, 11,23–26. Ambrosius und das frühe Mittelalter haben dieses Thema schon behandelt, es intensiviert sich bei Hildebert von Lavardin, Robertus Pullus, Berengar von Tours; der erste Beleg sei bei Magister Rolandus zu finden (Jorisson, 3).

In der Zeit von Albert wird das Thema besonders brisant, weil der Substanzbegriff mit dem Bekanntwerden des *Corpus Aristotelicum* viel genauer und detaillierter dargestellt werden kann. Albert hat eine eigene Schrift zur Frage der Transsubstantiation verfasst, er beurteilt diese Frage als extrem schwierig. Diskussion und Lösung der Frage stehen auf dem Boden eines sehr realistischen, materiellen Substanzbegriffs und schliessen das unmittelbare Eingreifen Gottes ein. Auch nach Albert wird die Frage im 12. und 13. Jh. noch intensiv diskutiert. Zu den von Papst Innozenz III am Vierten Laterankonzil, 1215, vorgelegten Dogmen und Dekreten, denen vom Konzil dann zugestimmt wurde, gehörte auch die Festlegung der Wandlung unter Verwendung des Wortes *transsubstantiatio*.

Der philosophische Teil der Diskussion betraf vor allem die Frage, wie selbständig und unabhängig von Substanzen Akzidenzien sein können. Das war einer der Gründe, weshalb Albert sich gegen Averroes stellte, der Argumente vorgelegt hatte, dass Akzidenzien in keiner Weise selbständig sein können.

Für die Transsubstantiation ist aber eine gewisse Selbständigkeit notwendig, denn was nach der Wandlung zu sehen ist, hat immer noch den Anschein von Brot, das sind eben die Akzidenzien, doch der Substanz nach muss es der wirkliche Leib Christi sein.

24. Siehe Erwin Sonderegger, erstmals (1994), 558–571 jetzt bei philpapers.org, neu gesetzt mit leichten Korrekturen, ursprüngliche Seitenzahlen in eckigen Klammern.

Aus dem Kommentar von Albert zu *Metaphysik* Λ kann eine Liste der Eigenschaften der *prima substantia* erstellt werden; ich stelle diese Liste zusammen mit dem, was sich im aristotelischen Text findet, siehe Tabelle 2.1. Manche Bestimmungen in dieser Liste sind auch bei Thomas zu finden.

Tabelle 2.1 Eigenschaften der *prima substantia*

Albert: ***prima substantia*** **ist:**	**Aristoteles: die πρώτη οὐσία ist:**
principium	ἀρχή
simplex	ἀδιαίρετος, ἁπλῆ
movet sicut desideratum et amatum	Beispiele für unbewegt Bewegendes: ὀρεκτόν, νοητόν, ἐρώμενον
movet ut bonum	–
separata	χωριστή
intellectus / intelligentia	–
immobilis	ἀκίνητος, ἀπαθές
incorruptibilis	ἄφθαρτος
insensibilis	κεχωρισμένη τῶν αἰσθητῶν
semper, ubique	–
causa efficiens sed non movens	–
bonitas	–
actus purus	–
immaterialis	ἄνευ ὕλης

Aus dieser Liste sind folgende Punkte besonders bemerkenswert:

Der *actus purus* gilt als eine der wichtigsten und eindeutigsten Bestimmungen von Gott. Dazu gleich unten mehr, Kapitel 2.3.

Dass die πρώτη οὐσία identisch mit dem Guten, τἀγαθόν, sei, und dass die erste Substanz als das Gute bewege, findet sich nicht in Λ, schon gar nicht, dass sie *causa efficiens* sei. Von der angeblichen *bonitas* der ersten Substanz wird gleich noch die Rede sein, siehe Tabelle 2.3.

Movet sicut desideratum et amatum wird, sowohl von Albert als auch von Thomas, als Aussage über das erste Bewegende, d. h. über Gott, ausgelegt. Mit dem Ausdruck κινεῖ δὲ ὧδε, den Aristoteles verwendet, wird ein Beispiel dafür gegeben, dass es auch in unserem Alltag unbewegt Bewegendes gebe, denn, was erstrebt werde und was einzusehen sei, würden uns in dieser Weise bewegen (1072a26). Unbewegt Bewegendes ist nichts völlig Jenseitiges, es ist überall leicht zu bemerken.

In *Tractatus* I, *Cap*. 11. zu Λ, zur Stelle 1076b30–33, spricht Albert von einer *causa efficiens sed non movens* (Geyer 476, 35). Die Abwehr der Eigenschaft *movens* scheint mir auf Gott zu passen, denn der Unterschied aktiv/passiv muss bei Gott vermieden werden, was nicht der Fall wäre, wenn er die Eigenschaft „bewegend" hätte. Das stimmt mit der Aussage überein, dass Gott nur *per essentiam* bewege (ein neuplatonischer Gedanke). In unserem alltäglichen Sinne bewegend sind erst die von Gott eingesetzten unteren Instanzen, analog zu den vom Demiurgen eingesetzten unteren Götter in Platons *Timaios*.

Viele der Bestimmungen in der Liste stammen aus dem Schluss-Satz von Λ 7. Aristoteles fasst dort die Ergebnisse der Kapitel 6 und 7 zusammen. Kapitel 6 beginnt mit einem Rückgriff auf Λ 1, 1069a30. Dort werden drei Seinsweisen, οὐσίαι, unterschieden, die wir kennen oder wozu es qualifizierte Meinungen gibt; die eine sei die Seinsweise des Naturseienden, unterschieden in eine vergängliche (wie sie beispielsweise Tiere oder Pflanzen haben) und in eine unvergängliche ewige (wie sie die Gestirne haben); neben diesen stehe eine unbewegte Seinsweise, wofür als Beispiele die Ideen und das Mathematische genannt werden. In Λ 6 bezieht sich Aristoteles auf die natürliche aber unbewegte Weise des Seins (οὐσία φυσική ἀκίνητος) und sagt, dass es notwendig sei, dass es eine solche ewige unbewegte Weise des Seins geben müsse. So bleibt also der Zielpunkt der Frage nach dem das Werden begründenden Sein innerhalb des natürlich Seienden.

Aristoteles wechselt jedoch zwischen dem kosmologischen und dem spekulativen Aspekt der Frage nach dem Sein. Kosmologisch ist der Fixsternhimmel die Antwort auf die Frage nach dem ersten unbewegt Bewegenden. Es zeigt sich aber, dass dieser Anfang das Werden immer noch nicht verständlich machen kann, es bedarf noch eines anderen Anfangs, von dem auch noch dieser Himmel und überhaupt die Natur abhängen (Λ 7, 1072b13–14), es bedarf einer spekulativen Wendung, diesen Anfang zu finden. Hier springt dann die νόησις ein. Formal gesehen ist νόησις eine Meinungswelt; nur in einer Meinungswelt kann etwas *sein*, werdend ist es auf dem Weg dazu, zu *sein*; νόησις, die Meinungswelt, ist der spekulative Anfang des Seins. Den Inhalt bekommt eine Meinungswelt durch die faktisch herrschenden Grundbegriffe, Grundunterscheidungen und Grundwerte einer bestimmten Welt.

2.2 Neuplatonismus; Licht, *bonitas*

Zur Nachwirkung des Neuplatonismus im Mittelalter gibt es eine reiche Literatur. Ich kann nur nennen, was mir zufällig in die Hand gefallen ist und mir geholfen hat.[25] Was auch immer sonst die Details sind, unbestritten ist, dass für Albert die Schriften von Dionysios Areopagita und der *Liber de Causis* die wichtigsten Quellen für neuplatonisches Gedankengut waren. Dionysios Areopagita wird in der Zeit Alberts oft ohne den Zusatz ‚Areopagita' zitiert, da dessen zeitliche und dogmatische Nähe zu Paulus selbstverständlich war. Zum *Liber de Causis* haben sowohl Albert als auch Thomas je einen Kommentar verfasst. Thomas hat auf Grund der Übersetzung der *Stoicheiosis Theologike* des Proklos durch Moerbeke bemerkt, dass der *Liber de Causis* nicht von Aristoteles stammt. Das hat ihn aber nicht daran gehindert, das Buch für die Vollendung der aristotelischen Philosophie zu halten. H. Anzulewicz hat Argumente dafür vorgebracht, dass Albert den *Liber de Causis* zunächst zwar für authentisch aristotelisch hielt, dann aber eine Mehrheit von Verfassern in Betracht dafür gezogen hat und es schliesslich vielleicht für ein Werk von Proklos gehalten haben könnte.[26] Dieses neuplatonische Gedankengut diente Albert als inhaltliche Grundlage der rationalen Explikation und des eigentlichen Verständnisses des christlichen Glaubensinhalts,[27] von Aristoteles bezog er die formalen Mittel der Begründung. Albert war auch dann der Überzeugung, Aristoteles zu folgen, wenn er effektiv Argumente und Gedanken aus dem *Liber de Causis* bezog, das er mindestens zeitweise für authentisch hielt; Zitate aus dem *Liber de Causis* leitet Albert oft mit den Worten ein *ut Philosophus dicit.*[28] Gott rückte als *prima causa* und *prima substantia* in das neuplatonische System ein, von ihm geht alles aus (πρόοδος, *exitus*) und zu ihm als Endziel strebt und kehrt alles zurück (ἐπιστροφή, *reditus*). Es fällt auf, dass die μονή in vielen Darstellungen unberücksichtigt bleibt.[29] Entsprechend verwendet Albert

25. Alessandra Beccarisi, im *Grundriss, Mittelalter* 4, 2017, 174–181. Henryk Anzulewicz, "Plato and Platonic/Neoplatonic Sources in Albert," in: Irven M. Resnick (ed.), 2013, 595–600, sowie weitere Artikel in diesem Sammelband; Verena Olejniczak Lobsien, Claudia Olk, 2012; Anzulewicz, Henryk, "Die Emanationslehre des Albertus Magnus: Genese, Gestalt und Bedeutung," in: Ludger Honnefelder, Hannes Möhle, Susana Bullido del Barrio, 2009, 219–242; Iremadze Tengiz, 2004; Beate R. Suchla, 1995, 5; Paul Wilpert (Hrsg.), 1963, – darin im Besonderen die Beiträge unter: „III. Platonismus und Neuplatonismus in der mittelalterlichen Metaphysik."

26. Henryk Anzulewicz, 2022, 109–133.

27. Ausführlich und ausgezeichnet hierzu: Henryk Anzulewicz, 2013, 595–600.

28. Hierzu ausführlich Andreas Bächli-Hinz, 2004. – Zur „Allgegenwart" des *Liber de Causis* in Alberts Werk siehe Katja Krause and Henryk Anzulewicz, 2019, 180–208.

29. Zu μονή – πρόοδος – ἐπιστροφή siehe E. Sonderegger, 2004, 220–225; jetzt überarbeitet bei philpapers.org, Erwin Sonderegger, *Proklos, Stoicheiosis Theologike, – Grundkurs über Einheit* Einleitung, Lesetext nach Dodds, Übersetzung und Kommentar, Juni 2023; diese ‚dialektische Dreiheit' beschreibt das Sein des Seienden, sie benennt das Verbleiben des Werdenden in seinem Grund, sein Hervorgehen als Eigenständiges gegenüber diesem und indem es als Eigenständiges vollkommen wird, die Rückkehr; nichts davon ist in irgendeinem Sinne realistisch gemeint.

ein Vokabular, mit dem die Emanation formuliert worden ist, etwa mit dem Verb *fluere*, zwei Mal verwendet er in seinem Kommentar *effluxio*. Von der Lichtmetapher macht Albert sehr oft Gebrauch, siehe Tabelle 2.2.

Tabelle 2.2 Lichtmetapher in Alberts Kommentar zu *Metaphysik* Λ

Traktat	Bezug	Text
I, 9		*lumen ... sparsum sit in omnibus intelligibilibus*
II, 6	zu 1072a34	*lumen solis licet unum sit lumen essentiale*
II, 8, Ende		*lumine suo replens omnia*
		lumen lucis causae primae et imago
II, 11	zu 1072b9	*Tale igitur movens est ens movens ex necessario, quod a nullo dependet, sed secundum essentialem bonitatem movet.*
II, 12,	passim	
II, 13		*sicut lumen solis ambit haemisphaerium intellectus ... ambit illud < : corpus > lumine suo*
II, 26		*a sole et per lumen suum lumen adeo simplex*
II, 32		*lumen formale sed universale*
II, 33		*sunt ipsum lumen eius*
II, 35,passim		*lumen substantiarum divinarum*
III, 2		*accipiendo exortum ex intelligentia lumen per motum lumen*
III, 6		*lumen illud dicunt factivum substantiarum quid fundat lumen contemplationis secundum lumen coniunctum lumen nihil videtur habere impuritatis*

Die Lichtmetapher, um nicht zu sagen die Lichtmetaphysik, ist im Denken Alberts und generell im Mittelalter von grosser Bedeutung. Diese Stellung verdankt sie wohl letztlich den Schriften des Dionysios Areopagita, der in seinen Schriften Plotinisches, Proklisches, Augustinisches vermittelt, Ideen von Philon von Alexandrien verstärkend.[30]

Auch die *bonitas* als Chrakterisierung der *prima substantia* stammt aus neuplatonischer Quelle, hier im Besonderen aus dem *Liber de Causis*, sie wird nicht durch den aristotelischen Text gestützt. Zum Gebrauch der *bonitas* bei Albert siehe Tabelle 2.3. Dieser Begriff gibt der ersten Substanz eine speziell christliche Färbung, Daran, dass die πρώτη οὐσία die Güte, *bonitas*, als ihr Proprium habe,

30. Siehe Henryk Anzulewicz, 2000, 251–295; Anzulewicz, 2002, 207–277, und 274–275; J. Kreuzer, „Licht," in: Konersmann, 2007; H. Blumenberg, 1957, 432–447; Klaus Hedwig, 2007, 368–385; W. Beierwaltes, 1980, Sp. 283–286.

hat Aristoteles nie gedacht.[31] Henryk Anzulewicz geht ausführlich auf das Gute bei Albert ein (siehe Anmerkung 31). Er weist die Herkunft dieses Gedankens in den Schriften des Dionysios Areopagita und dem *Liber de Causis* nach, und belegt die Wirkung dieses Begriffs von den frühen Schriften Alberts an über das ganze Werk hin. Es zeigt sich, dass der Begriff des Guten, wie Albert ihn, hierarchisch gegliedert, versteht, das gesamte Denken Alberts zur systematischen Einheit bringt.

Tabelle 2.3 Stellen zu *bonitas* in Alberts Kommentar zu *Metaphysik* XII

II, 2, zu 1071b20:	*communicare bonitates suas; profusionem bonitatum*
II, 7,	*nobilitatem et bonitatem*
II, 8, Ende	
II 9. zu 1072b1 und zu 1072b3 und 9	
II 20	*accipit inferior a superiore bonitatem et lumen*

Für Platon war das Gute das „jenseits von Sein."[32] Bei Aristoteles hat das Gute einen ganz anderen Stellenwert als bei Platon und der neuplatonisch gefärbten Rezeption im Mittelalter. Doch diese Abfärbung der Aristoteles-Rezeption wirkt bis heute weiter, was, neben vielem anderem, in den neuesten Kommentaren zu *Metaphysik* Λ von Baghdassarian und Judson zu sehen ist (beide 2019), die den νοῦς in Λ 9 und das in Λ 10 angesprochene Gute selbstverständlich und direkt mit Gott identifizieren, obwohl das Wort ‚Gott' in diesen Kapiteln gar nicht erscheint (der Superlativ θειότατον in 1074b16 ist eine Charakterisierungen des menschlichen Nous, dieser sei das Göttlichste im Rahmen dessen, was uns erscheint, und in 26 charakterisiert es das, was der Nous denkt).

Das Gute spielt bei Aristoteles eine Rolle in der Ethik, siehe den Anfang der *Nikomachischen Ethik*, und generell im Verständnis des Zwecks und Ziels. Nie ist es eine hypostasierte ‚metaphysische' Grösse. Aristoteles stellt die Frage nach dem höchsten Gut in Bezug auf das Handeln des Menschen. Diese Frage beherrscht später die Zeit des Hellenismus, während welcher das philosophische Hauptinteresse in der ethischen Begründung der menschlichen Autarkie galt.[33] Ein lateinisches Zeugnis für das Verständnis des *summum bonum* gibt Cicero in *De finibus bonorum et malorum*, wo er die ethischen Thesen von Epikur, Stoa, Akademie, Peripatos diskutieren lässt und schliesslich auch selbst Stellung bezieht. Später wird das *summum bonum* hypostasiert und in Gott personifiziert, Marksteine dieser Entwicklung sind Philon von Alexandrien, Augustinus und

31. Zum Thema ‚Das Gute' bei Albert siehe: Henryk Anzulewicz, 2001, 113–140.

32. Platon, *Staat*, 509b; zum ganzen Fragenkomplex siehe Raphael Ferber, 2015.

33. Siehe Maximilian Forschner, 1993.

andere Kirchenväter, Dionysios Areopagita. Bezüglich des Guten als des „Jenseits des Seins“ ist zu sagen, dass οὐσία und εἶναι bei Aristoteles etwas völlig anderes bedeuten, als dass es ein Jenseits davon geben könnte (und das ist nicht nur dinglich oder extensional gemeint). Aristoteles, selbstverständlich auch Platon, kennen und verwenden das im Griechischen auch in der Umgangssprache verwendete Wort *sein* in allen seinen Formen und Funktionen, auch οὐσία wird in mehrfacher Weise gebraucht, siehe *Metaphysik* Δ 8, dessen umgangssprachliche Bedeutung „Besitz“ zwar auch von Aristoteles gebraucht wird, aber nicht in der genannten Liste erscheint. Doch in *Metaphysik* Λ entwickelt Aristoteles die spekulative Frage nach dem Sein und gibt auch eine Antwort darauf, die in der Formel {ousia← noesis →energeia / Doxa} zu fassen ist.[34] Nur das kann *sein*, was sich in eine Meinungswelt einordnen kann. Diese Meinungswelt ist, formal gesehen, ein Set von Grundmeinungen, unterschieden in Grundbegriffe, Grundunterscheidungen und Grundwerte; zusammengefasst kann das noesis genannt werden, welche sich in Sein und Wirklichkeit differenziert. Die konkreten inhaltlichen Bestimmungen einer Meinungswelt sind lediglich im Nachhinein empirisch feststellbar, sie sind weder geschichtlich noch systematisch irgendwie deduzierbar, sie kann zusammengefasst werden als Doxa.

2.3 ἐνέργεια, Wirklichkeit, Realismus

Bei Aristoteles bedeutet ἐνέργεια die im Werden erreichte Vollendung der Wesensmerkmale. Bei Albert und Thomas ist das Paar ἐνέργεια – δύναμις mit *actus* und *potentia* übersetzt. Dabei bedeutet *actus* Dasein, Wirklichkeit, Existenz, Vorhandenheit, und steht im Kontrast zur Essenz, dem Wesen. Das Wesen kann sein oder auch nicht, bloss vorgestellt, doch erst, dann, wenn es existiert, ist es Substanz. Existenz ist das entscheidende Merkmal der Substanz. Indem aus ἐνέργεια *actus* geworden ist, hat sich der Sinn des Wortes völlig verändert. Der Prozess dieses Bedeutungswandels hat natürlich nicht bei Albert und Thomas angefangen, sie haben lediglich das schon traditionell Geglaubte übernommen. Wirklichkeit bekommt einen realistischen Sinn und unterstützt den Realismus, der ebenfalls bis heute völlig unbefragt Aristoteles unterstellt wird. Nun sind Bedeutungsverschiebungen alles andere als ungewöhnlich, besonders dann, wenn ein Wort einer früheren Welt in einer späteren immer noch gebraucht wird; solche Verschiebungen müssen jedoch benannt werden, sie sollen nicht anachronistisch zurückdatiert werden.

---

34. Zu dieser Formel siehe meinen Kommentar zu *Metaphysik* Λ von Aristoteles, englische Version: E. Sonderegger, 28. 03. 2021, bei philpapers.org.

Mit der Wirklichkeit hat es aber eine besondere Bewandtnis. *Actus*, Wirklichkeit, ist im Denken von Albert und Thomas zentral, denn Gott ist eigentlich *actus purus*, ‚reine Wirklichkeit' und sonst nichts. Dieser Ausdruck bzw. seine griechische Entsprechung kommt allerdings in *Metaphysik* Λ nicht vor, natürlich auch sonst nicht im *Corpus Aristotelicum*. Man könnte vielleicht sagen, dass sein intendierter Inhalt entfernt der ἐνέργεια gleiche, die eine ἀρχὴ ἄνευ ὕλης sei, dem „rein" würde dann „immateriell" entsprechen.[35] Doch eigentlich ist der Begriff ein Unding, der *actus* als Modalität bedarf eines zu Grunde Liegenden, dessen Modalität es ist. Ein „rein schwebendes Sein," von dem gelegentlich die Rede ist, ist ein Unding, es ist eine Wirklichkeit von Nichts. Es springt dann der methodische Kniff ein, dass eben von Gott nicht *sensu proprio* gesprochen werden könne.

2.4 Analogie

In der ersten Hälfte des 13. Jh. setzte sich die Analogie als Verständnis der πρὸς-ἕν-Relation durch.[36] Die Verschiebung der πρὸς-ἕν-Relation zur Analogie hatte grosse Folgen. Im Mittelalter ist die Seins-Analogie ein zentrales systematisches Lehrstück, das für Fragen zu Gott benötigt wird (z. B. „Wie, in welchem Sinne, ist Gott ein Seiendes, oder ist er gar kein Seiendes?" „Gelten die Transzendentalien auch für Gott?" „Kann man das, was wir sonst von den Dingen aussagen, auch von Gott aussagen?"). Der Vergleich von Gott als Schöpfer und den Dingen als Geschöpfen hinsichtlich ihre Seins, muss mit einer Kapitulation enden, denn von Gott kann ohnehin nur „übertragenerweise" und uneigentlich gesprochen werden. Diese Einsicht hat schon Boethius in den *Opuscula Sacra* erreicht. Später heisst es, es bedürfe der *translatio theologica*, doch dann ist eben die Möglichkeit rationaler Argumentation aufgehoben, nur noch Erleuchtete haben Zugang zur Wahrheit. Erst Karl Barth hat in seinem berühmten Vortrag dem Dilemma einen positiven existentiellen Sinn geben können,[37] wenn er sagt:

> Ich möchte diese unsre Situation in folgenden drei Sätzen charakterisieren: Wir sollen als Theologen von Gott reden. Wir sind aber Menschen und können als

35. Josef de Vries, 1983², 19, bezieht sich auf *Met.* Λ 6, 1071b20, um darzulegen, dass Aristoteles einen ersten unbewegten Beweger finde, dessen Substanz Akt sei; die Bestimmung „ohne Materie" versteht er als „reiner Akt." Er fügt allerdings korrekterweise bei, dass sich der Ausdruck *actus purus* bei Aristoteles selbst nicht finde. de Vries weist ausdrücklich darauf hin, dass Aristoteles damit keineswegs den christlichen Gottesbegriff erreicht habe, vor allem deshalb, weil für Aristoteles der erste Beweger nicht auch Schöpfer sei.

36. Peter Schulthess in: *Grundriss, Mittelalter* 4, p. 1491.

37. Karl Barth, 1929, S. 156–178.

> solche nicht von Gott reden. Wir sollen Beides, unser Sollen und unser Nicht-Können, wissen und eben damit Gott die Ehre geben. Das ist unsre Bedrängnis. Alles Andre ist daneben Kinderspiel.

Thomas erklärt im Kommentar zu Γ 2, dass im Satz

> *Ens autem multis quidem dicitur modis; sed ad unum et ad unam naturam aliquam et non aequivoce*[38]

das Wort *ens* eben *analogice* d. h. *proportionaliter* zu verstehen sei. Galluzzo hält das für eine korrekte Interpretation.[39]

Aristoteles verwendet den umgangssprachlichen Gebrauch von „gesund" in *Met.* Γ 2, um ein Beispiel für die πρὸς-ἕν-Relation zu geben, es soll die besondere Vielfalt des Gebrauchs von „sein," die eben eine πρὸς-ἕν-Relation ist, leichter verständlich machen. Doch Aristoteles unterscheidet Analogie und πρὸς-ἕν-Relation. Analogie bezeichnet ein gleiches Verhältnis zwischen Verschiedenem, die πρὸς-ἕν-Relation ein verschiedenes Verhältnis von Verschiedenem zu Einem.[40] Für *sein* gilt die Verschiedenheit der πρὸς-ἕν-Relation, nicht aber jene der Analogie. Den Bezugspunkt, jenes Erste und Eine, im Hinblick worauf *sein* verschieden gesagt wird, nennt Aristoteles πρώτη οὐσία. Bei Albert und Thomas hat sich das nun völlig verändert, die Seins-Analogie bereitet die Lehre von den Seinsgraden vor und spielt in der Diskussion um Gott eine grosse Rolle (siehe dazu Galluzzo p. 222).[41]

2.5 Essenz: Existenz

Der Unterschied Essenz – Existenz spielt bei Albert und Thomas eine grundlegende Rolle. Galluzzo schreibt (246):

> The essence-existence composition is the distinguishing mark of creaturality; the most basic sense, in which creatures can be said not to be simple is that they are composed of essence and existence.

38. Aristoteles, *Metaphysik*, Γ 2, 1003a33–34: Τὸ δὲ ὂν λέγεται μὲν πολλαχῶς, ἀλλὰ πρὸς ἓν καὶ μίαν φύσιν καὶ οὐχ ὁμονύμως.

39. Fabrizio Amerini and Gabriele Galluzzo 2014, 220–221.

40. Siehe Erwin Sonderegger, 2012, I, 3.3.

41. Thomas äussert sich zur Analogie in *De principiis naturae*, § 6, in Anlehnung an den Beginn der *Kategorienschrift*; an dieser Stelle bezeichnet er das, was πρὸς ἕν gesagt wird, als analog gesagt; dies ist vielleicht der früheste Beleg der Verschiebung bei Thomas, so jedenfalls vermutet Josef de Vries in *Grundbegriffe*, 28.

Alle Geschöpfe bestehen aus den grundlegenden ‚Bestandteilen' Essenz und Existenz.[42] Von hier aus ergibt sich die Möglichkeit einer Bestimmung des Schöpfers, Gottes, in welchem diese Unterscheidung aufgehoben ist. Er ist jene selbständige Substanz, deren Wesen Akt, also Wirklichkeit verstanden als Existenz, ist; Wirklichkeit ist sein Wesen.[43] Ich füge jene Stellen im Kommentar zu *Metaphysik* Λ an, an welchen Thomas von Existenz im Zusammenhang mit Substanz spricht, siehe Tabelle 2.4.

Aus diesen Stellen ergeben sich alle nötigen dogmatischen Aussagen bezüglich der ersten Substanz: Substanz ist das, was von sich aus existiert; der erste Grund der Bewegung muss durch seine Essenz bewegen; die Substanz des ersten Bewegenden ist Wirklichkeit; Gott als das höchste Gut ist das Ziel von allem.

Thomas verwendet in seinem Kommentar häufiger den neutralen Ausdruck *movens*, Albert dagegen schreibt früher und öfter *motor*. Thomas kann sich die späte Bezeichnung der ersten Substanz als *motor* leisten, weil das Ergebnis ohnehin klar ist. Das zeigt sich beispielsweise in der berühmten Formulierung 84185 *intelligendo se intelligit omnia*, die eben nur auf Gott zutrifft. Definitiv klar wird die Intention im Gebet am Schluss (84233), wo Thomas den Kommentar zu *Metaphysik* Λ mit der Behauptung beschliesst, dass Aristoteles zum Schluss sage, dass das Ganze von einem einzigen Regenten gelenkt werden müsse,

> *Et ita oportet quod ordinetur ab uno gubernatore. Et hoc est quod concludit, quod est unus princeps totius universi, scilicet primum movens, et primum intelligibile, et primum bonum, quod supra dixit Deum, qui est benedictus in saecula saeculorum. Amen.*
> „… dem ersten Bewegenden, dem ersten Erkennbaren, dem ersten Gut, das er eben vorher Gott genannt habe, der in alle Ewigkeit gelobt sei. Amen."[44]

Das einzige höchste Gute und das alles regierende Prinzip darf oder muss mit Gott identifiziert werden, angeblich hat das Aristoteles auch schon gemacht (*quod supra dixit*). Thomas hat den Metaphysik-Kommentar schon mit diesem Gedanken begonnen, im ersten Satz des *Prooemium* beruft er sich auf die *Politik* des Aristoteles:

> *Sicut docet philosophus in* Politicis *suis, quando aliqua plura ordinantur ad unum, oportet unum eorum esse regulans, sive regens, et alia regulata, sive recta.*

42. Eigentlich scheint es mir ein Kategorienfehler zu sein, Essenz und Existenz als „Bestandteile von etwas" zu bezeichnen.

43. Später Kant dagegen „*sein* ist kein reales Prädikat."

44. Auf diesen Übergang vom Kommentar zum Gebet geht R. Imbach, 2015, 388–389, gar nicht ein; auch in der Auswahl-Übersetzung, 2021, findet sich keine Anmerkung dazu.

Tabelle 2.4 Existenz als Merkmal der Substanz in Thomas' Kommentar zu *Metaphysik* Λ

84028	... *Et hoc ideo, quia substantia est per se existens; quantitas autem et qualitas sunt entia in alio*	Substanz ist das, was von sich aus existiert
84062		das erste Prinzip kann nur durch seine Essenz bewegen, wäre es anders, würde es durch seine Akzidenzien bewegen, dann wäre es nicht mehr ein erstes Prinzip
84065		die Substanz des ewig Bewegenden ist Wirklichkeit
84074	... *Illa enim quae sunt in potentia tantum, sive sint omnino sub privatione, sive sint in quadam confusione, non poterunt moveri, ut reducantur in actum, nisi sit aliqua causa movens in actu existens*	Grund der Bewegung muss wirklich existieren
84076	...*Sed semper oportet aliquid existere, quod est causa motus.*	
84089	*Si autem primum movens est sempiternum et non motum, oportet quod non sit ens in potentia; quia quod est ens in potentia natum est moveri; – sed quod sit substantia per se existens, et quod eius substantia sit actus. Et hoc est quod supra concluserat. Sed necesse fuit movere dubitationem quae erat apud antiquos, ut ea soluta ostenderetur expressius, quo ordine necesse est pervenire ad primum ens, cuius substantia est actus.*	Substanz ist das von sich aus Existierende; die Substanz des ersten unbewegten Bewegenden ist Wirklichkeit
84104		Substanz ist das, was von sich aus existieren kann. Gott ist das Ziel von allem (Kommentar zu 1072b25–30)
84114–5		zu 1072b30, hier wird Gott im Text genannt, jetzt kann alles, was vorher zu *primum movens, prima substantia* etc. gesagt wurde, auf Gott bezogen werden.
84088		hier erscheint *motor* erstmals bei Thomas (insgesamt nur sechs Mal), Albert verwendet das Wort vorher schon häufig, oft im Zusammenhang mit den beseelten Gestirnen; oft ist leicht unklar, ob er damit den christlichen oder den peripatetischen Gott meint

Der Schluss des Kommentars zum Λ bildet gleichsam das *quod erat demonstrandum.*

2.6 Gestirne

Albert gibt den Fragen nach den Gestirnen und den Fragen, die damit zusammenhängen, in seinem Kommentar zu *Metaphysik* Λ grossen Raum. Er behandelt sie an verschiedenen Stellen im zweiten Traktat, beispielsweise im Kommentar zur Stelle in Λ 7, wo davon die Rede ist, dass das Geliebte und Begehrte unbewegterweise bewege, in einer Digression (Kapitel 10), in der er sich mit der peripatetischen Darstellung der Himmelsseelen befasst, sowie natürlich an den Stellen, an welchen er Λ 8 kommentiert. Zudem ist der grösste Teil der Digressionen im zweiten Traktat der Frage der Bewegung der Gestirne gewidmet. Schliesslich sind sechs der sieben Kapitel des dritten Traktates zu Λ den Fragen der wahrnehmbaren, beweglichen aber unvergänglichen Substanz gewidmet (also den Fragen der Gestirne und ihrer Sphären).[45]

Nur ein kleiner Teil dieser Erörterungen befasst sich mit konkret astronomischen Fragen, der viel grössere Teil gilt Überlegungen, wie es mit den Seelen und den Intelligenzen stehe, die die Beweger der Gestirne und der Sphären sind. Dass Fragen zu dieser Art von Substanzen den weitaus grössten Platz einnehmen – mehr als zwölf Digressionen im ersten und zweiten Traktat, dazu sechs Kapitel des dritten Traktats – , ist erstaunlich. Offenbar haben solche astronomischen Fragen Albert und seine Zeit sehr stark beschäftigt, viel mehr als beispielsweise Fragen der νόησις νοήσεως, oder Fragen danach, wie es denn gemeint sein könnte, dass der Ursprung so beschaffen sein müsse, dass sein Sein Wirklichkeit sei. Es könnte sein, dass Fragen dieser Art mit Gott als dem ersten Beweger als klar beantwortet galten.

Die Fragen, wie es mit dem Himmel steht, wie die sichtbaren Bewegungen der Gestirne zu verstehen sind, sind für Albert an dieser Stelle offenbar nicht primär astronomische Fragen. Es scheint, dass ihm (und seiner Zeit) mehr daran liegt zu verstehen, wie der Himmel mit seinen Unregelmässigkeiten, beispielsweise den

45. Ruedi Imbach schreibt 2015, 391: "le troisième <traité> qui traite de la substance incorruptible sensible et mobile, donc du ciel, des sphères et des étoiles ne possède aucune base textuelle chez Aristote et est une longue digression." Es ist mir unerklärlich, wie ein Kenner wie Imbach den Zusammenhang mit Λ 8 übersehen kann. In seiner Auswahl des Kommentars zur Metaphysik des Aristoteles, 2021, ist die lateinische Übersetzung des griechischen Textes und der Kommentar von Thomas zu Λ 8 jedenfalls vorhanden, allerdings als „XII 7," wie auch die übrigen Kapitel (Λ 6 bis 10) um eine Nummer verschoben sind. Dass Imbach nicht die geringste Textbasis für die den dritten Traktat von Albert sieht, hängt vielleicht zusammen mit der Fokussierung auf die obsolete These, dass die theologische Interpretation von *Met.* Λ zu Recht bestehe.

Planetenbewegungen oder den unterschiedlichen Farben der Sterne[46] trotzdem das Vollkommenste in der Schöpfung sein kann. Natürlich versucht man, sich dafür auf Platons *Timaios* stützen, doch das ist insofern ein Missgriff, als der Demiurg kein Schöpfer ist und die ganze Rede des Timaios unter dem Index des εἰκὼς λόγος steht, es ist ein Gleichnis, kein Klartext, und schon gar nicht ein naturwissenschaftlicher Text.

Ein weiterer Grund für die Ausführlichkeit, mit der Albert die mit den Gestirnen zusammenhängenden Fragen bearbeitet, kann darin bestehen, dass diese eben die Vermittlung der Bewegung vom unbewegt Bewegenden zu den bewegt – bewegenden Dingen unserer Umwelt leisten müssen. Es liegt auf der Hand, dass die Frage, wie diese Vermittlung geschieht, nicht einfach zu beantworten ist.[47] Die Antwort auf diese Frage wird letztlich bestimmt durch die Vorgaben des *Liber de Causis*. Der hierarchische Aufbau des Seienden im Ganzen sorgt dafür, dass die Bewegung bis ganz nach unten vermittelt wird, ohne dass die Einheit verloren geht.

Die von der Erde aus sichtbare Bewegung der Gestirne, in einem engen Zeitrahmen genommen, ist offenbar und unbestritten. In diesem Zeitrahmen erscheinen die Fixsterne tatsächlich fix. Eine andere Sache ist es allerdings, dies nun „für die Ewigkeit" zu extrapolieren. Hier rächt es sich, dass aus der beschränkten empirischen Beobachtung ein allgemeines Prinzip konstruiert wird. Auch im Kommentar zu *De Caelo* ist dieser Fehlschluss zu beobachten, etwa an den Stellen 139, 55, oder 140, 11ff. (ed. Hossfeld); Albert zieht daraus, „dass es immer so beobachtet worden ist" (nämlich, dass am ersten Himmel keine Veränderungen beobachtet worden sind) den Schluss, dass es immer so sein werde. Als Fazit hält Albert fest, dass der erste Himmel in seiner Bewegung gleichförmig, nicht aus Materie entstanden und ewig sei (142, 38, Hossfeld). Wenn nun eine ewig dauernde gleiche Bewegung angenommen werden muss, sich aber doch Unregelmässigkeiten zeigen, dann ruft das nach einer Erklärung. Diese Erklärung darf folgende Grundsätze nicht verletzen:

1. Die Bewegung der Gestirne und des Himmels ist vollkommen.
2. Die vollkommene ebene Figur ist der Kreis, die vollkommene sphärische Figur ist die Kugel.
3. Die Bewegung geht von einem unbewegten Beweger aus, der mit Gott identifiziert wird. Diese Identifikation nimmt Albert im Kommentar zu *De Caelo*, 138, 57, ausdrücklich vor, wo er die *causa prima* Gott nennt, und zwar den mit den Attributen *benedictum et gloriosum*; das ist nun gewiss weder Zeus noch

46. Zu den Farben der Gestirne siehe Kommentar zu *De Caelo*, 136, 66–70, Hossfeld.
47. Die Antwort im Bereich der Naturdinge siehe unten, p. 30f.

der angebliche philosophische Gott von Aristoteles. War Albert vielleicht im Sentenzenkommentar vorsichtiger?

Das Vollkommenheitsprinzip führt dazu, dass die Bewegungen des Himmels mittels Kreisen und Kugeln erklärt werden müssen. In dieser Forderung ist nochmals eine nicht-triviale Voraussetzung versteckt, nämlich dass Kreis und Kugel die einfachsten und vollkommensten geometrischen Formen seien, oder, wie Albert es nennt, die „ersten Formen." Albert versucht, im Kommentar zu *De Caelo, Liber* II, *Tractatus* II, *Cap.* I, diese These zu begründen. Sonst wird der Punkt als die einfachste Form betrachtet.

Das, was die Gestirne und die Sphären bewegt, nennt Albert *anima* oder *intellectus* oder *intelligentia.* Es ist mir nicht ganz klar geworden, wie weit Albert diese Worte völlig gleichbedeutend und wie weit er sie unterschiedlich verwendet. Vielleicht verwendet Albert *intellectus* eher dann, wenn er an die Reihe hen-nous-psyche denkt, *intelligentia* eher dann, wenn er von den Bewegern der Gestirnssphären spricht. Statistisch scheint das so zu sein, doch oft scheinen beide Worte auch synonym verwendet zu sein.[48] Für Albert bilden also die Intellekte oder Seele, die die Gestirne und ihre Sphären bewegen, einen zentralen Punkt.

Bei Aristoteles ist in Λ 8 nirgends vom nous der Gestirne die Rede, weder das Wort νοῦς noch ψυχή kommt in diesem Kapitel vor. Es heisst lediglich, dass jedes Bewegte „durch etwas" bewegt werde müsse, doch dazu, was das sein könnte, äussert sich Aristoteles nicht. Am Schluss des Kapitels, 1074a38–b14, nach dem sachlichen Teil, weist Aristoteles darauf hin, dass es Mythen der Vorfahren gebe, die besagen, dass die Gestirne von Göttern besetzt seien. Das sei gut dafür, die Menge zur Einhaltung der Ordnung zu bewegen. Kern der Sache sei, ὅτι θεοὺς ᾤοντο τὰς πρώτας οὐσίας εἶναι, „dass sie geglaubt haben, dass das primäre Seiende Götter seien," das sei der Aufrechterhaltung der Ordnung im Staat dienlich. Das Ganze wird zuletzt mit dem Index πάτριος δόξα, die traditionelle herrschende Meinung, versehen, es gehört nicht zum astronomischen Teil der Erörterungen, zum philosophischen schon gar nicht. Die Planeten tragen zwar die Namen der Götter, doch das ist traditionelle Namensgebung, nirgendwo in Kapitel 8 werden Götter oder Intellekte als Beweger von Sphären bezeichnet.

Im Gegensatz dazu scheint es, dass Albert davon überzeugt ist, dass Aristoteles in Λ 8 immer von den die Gestirne beseelenden Intellekten sprechen wollte. Auffällig ist der Ersatz des Singulars νοῦς in 1074b15 durch den Plural in *Tractatus* II, *Caput* 30. *De modo intellectus substantiarum separatarum*, wobei die *Anonyma* an

48. Material zu dieser Frage liefert das Register der Ausgabe des Metaphysik-Kommentars von Geyer 1960.

dieser Stelle noch den Singular hatte. Was Aristoteles in Λ 9 ganz allgemein zum νοῦς sagen wollte, wird von Albert auf den Intellekt der Gestirnsgötter bezogen.[49]

Diese Behauptung, dass Intellekte die Ursache der sichtbaren Bewegungen am Himmel seien, ist wohl jener Teil von Alberts Werk, den wir, von heute aus gesehen, als den sinnlosesten betrachten müssen. Doch, um Albert zu verstehen, müssen wir die Optik umdrehen, wir müssen jene Welt rekonstuieren und jene Voraussetzungen finden, in der und unter denen eben dies sinnvolle Fragen sind.

Vielleicht hat Albert, wie auch allgemein seine Zeitgenossen, deshalb angenommen, dass Aristoteles „Intellekte" als Beweger der Sphären habe darstellen wollen, weil er Λ 9 als direkte Fortsetzung von Λ 8 verstanden hat. Λ 9 befasst sich tatsächlich mit Fragen, die den νοῦς betreffen, allerdings weder mit Gott im Allgemeinen noch speziell mit dem göttlichen νοῦς, auch nicht mit Intellekten von Gestirnen und Sphären. Nachdem im achten Kapitel die kosmologische Sicht und das kosmologische Interesse im Vordergrund stand, kehrt das neunte Kapitel ganz deutlich wieder zum spekulativen Fragestellung zurück, die den zweiten Teil von Buch Λ beherrscht.

Um die Erörterungen zu den „Intellekten" der Gestirne besser einordnen zu können, greife ich auf die gleich unten noch darzustellende Gliederung des Kommentars von Albert vor. In Traktat I des Kommentars zu Λ handelt Albert von der wahrnehmbaren und vergänglichen Substanz. Hinter diesen Erörterungen und Überlegungen steht wohl die alte Frage, wie das Werden zu verstehen sei. Theologisch oder religiös gefragt, ist die Antwort gegeben, das Werden der Natur im Ganzen verdankt sich der Schöpfung. Albert betont aber öfter, dass er in diesem Kommentar keine theologische Betrachtung durchführe. Damit meint er, dass er sich hier nur auf die *ratio* stützen wolle, nicht aber auf Argumente aus der Offenbarung. So stellt er diese Frage im Rahmen der Natur und gibt im ersten Traktat eine Antwort. Seine Antwort auf die Frage nach dem Werden Naturseienden verbleibt im Rahmen der aristotelischen Überlegungen.

Alberts Antwort ist, wie die Antwort des Aristoteles, bemerkenswert spekulativ, denn Albert beschreibt das Werden des Naturseienden nicht als Naturprozess, etwa nach dem Beispiel der Verwandlung eines Eis zum Kücken zum Huhn. Gewiss findet Werden auch als Naturprozess statt, aber das gehört in ein anderes Gebiet, in die Physik. Im Traktat I legt Albert dagegen ausführlich dar, dass das Werden von Kultur- und Naturseiendem darin bestehe, dass die Möglichkeit oder die Möglichkeiten, die in der Materie liegen, zur Wirklichkeit übergehen; auch für Aristoteles besteht das Werden im Übergang von der steresis zum eidos. Im Kommentar zu *De Caelo* gibt Albert die astronomische Antwort (128, 74, Hossfeld): die Elemente sind sphärisch angeordnet, ihrem natürlichen Ort entsprechend (von

49. Λ 9 beginnt mit den Worten: Τὰ δὲ περὶ τὸν νοῦν ἔχει τινὰς ἀπορίας.

unten nach oben Erde, Wasser, Luft, Feuer; siehe Aristoteles, *De Caelo*, B 4), sie berühren die Sphäre der Planeten, diese berühren sich gegenseitig, so geht es weiter mit der Berührung bis zum Fixsternhimmel und zum äussersten Kreis; so vermittelt sich die Berührung gleichsam durch mechanische Reibung.

Dem Titel nach handelt Traktat II zwar von der nicht-wahrnehmbaren und unvergänglichen Substanz,[50] das Hauptthema des Traktates sind die Existenz und die Eigenschaften der ersten Substanz. Da Albert aber in diesem Traktat in den Kapiteln 17–21 auch Λ 8 kommentiert, sind die wahrnehmbaren und unvergänglichen Substanzen eingeschlossen. Teile des zweiten Traktates und sechs der sieben Kapitel des dritten Traktates sind Fragen der unvergänglichen, aber beweglichen und wahrnehmbaren Substanz, also den Gestirnen, gewidmet.

Es sind immer *intellectus* oder *intelligentiae*, die die Gestirne und ihre Sphären bewegen.[51] In frühen Werken hat Albert diese noch mit Engeln identifiziert. Doch, im Lauf seiner Gelehrtenarbeit hat Albert seine Meinung zu den Bewegern der Gestirne mehrfach geändert. Dionysius Siedler und Paulus Simon haben sich in ihrer Ausgabe der *Summa Theologiae*, explizit damit auseinandergesetzt.[52] Danach hat sich Albert in mehreren Werken mit dieser Frage befasst, sie nennen *De quattuor coaequaevis*, den *Sentenzenkommentar*, den Kommentar zu *Super Dionysium De caelesti hierarchia, Super Dionysium De divinis nominibus, De causis et processu universitatis, De Problematibus determinatis*. Zuerst habe er sich eher bejahend, dann eher vereinend geäussert, schliesslich sei er zur Einsicht gekommen, dass die Philosophie zu diesen Fragen nichts zu sagen habe, *de quibus philosophia nihil potest per rationem philosophicam determinare*;[53] und am Schluss dieses Werks schreibt Albert: *Eligat ergo unusquisque, quod sibi placuerit* – ist das nun Einsicht oder Resignation? Eine ähnliche Vorsicht in der Unterscheidung der Bereiche kommt im Kommentar zu *Metaphysik* Λ, *Tractatus* II, *Cap.* 27 (517, 69 Geyer), zum Ausdruck. Hier spricht Albert von den Meinungen der Alten, die, Sokrates folgend, drei Arten von Göttern angenommen hätten, nämlich unkörperliche und unbewegliche, dies seien die unbewegten Beweger der Gestirne, dann körperliche, dies seien die Sterne und Planeten, und schliesslich irdische Götter. Albert fügt an, dass von der Seite der Philosophie her nichts dazu gesagt

50. Siehe unten, p. 43–44

51. Auch im Kommentar zu *De Caelo*, 137, 11, Hossfeld, sagt Albert, die Bewegung der oberen Sphären sei nicht von der Natur verursacht, sondern *ab intellectu*; weiter 137, 37, Hossfeld, den ersten Körper bewege keine Naturkraft, sondern *spiritus purus qui est intellectus*; beachte die Fortsetzung bezüglich dieser *causa prima*: *Quod et nos concedimus indubitanter asserentes deum benedictum et gloriosum…*, also ganz offensichtlich der christliche Gott.

52. *Summa Theologiae*, Aschendorff, Münster 1978, Prologus p. VIII.

53. In: *De causis et processu universitatis*, Ed. Paris., Tomus 10, p. 431b.

werden könne, weil nichts davon *per rationem* bewiesen werden könne. Albert insistiert auf dem Unterschied der Philosophie gegenüber den Mythen, wie auch, am Ende des Kommentars zu Λ *Tractatus* II *Cap.* 7, auf dem Unterschied zwischen Philosophie und christlicher Theologie.

Albert scheint in der Astronomie seiner Zeit bewandert gewesen zu sein. Er behandelt das Thema jedenfalls öfter in seinem Werk.[54] B. B. Price stellt die Astronomie Alberts ausführlich vor, auch sie fragt sich nach dem Grund dieses grossen Interesses an Astronomie bei Albert (399). Zum Einen ist offenbar, dass die Frage, wie die Bewegungen der Himmelskörper zu erklären sei, viele mittelalterlichen Denker beschäftigt hat, Albert nahm an diesem Trend der Zeit Teil. Zudem ist sein Interesse am Thema eingebettet in sein generell grosses Interesses an Fragen zur Natur.

Vielleicht rechtfertigt das einen kurzen Exkurs zur Frage nach den Bedingungen des Entstehens von naturwissenschaftlichem Interesse, zumal sehr oft ein solches Interesse ganz generell, auch beispielsweise den alten Griechen, unterstellt wird. Dem gegenüber ist festzuhalten, dass ein solches Interesse nur unter spezifischen Bedingungen entstehen kann.

Edward Grant nennt drei Voraussetzungen, die dazu geführt haben, dass das entstand, was man heute ein naturwissenschaftliches Interesse nennen würde; auch Albert spielt darin eine gewisse Rolle. Zum einen wurden arabische naturwissenschaftliche Texte ins Latein übersetzt und verbreitet, das spornte an zu eigener Beschäftigung mit der Natur und es ergaben sich neue Gesichtspunkte, das zu tun; zum anderen wurden die Universitäten gegründet, die in ihrem *Curriculum* dieses Thema enthielten, das wissenschaftliche Interesse an der Natur bekam einen institutionellen Rahmen; drittens bildete sich im 13. Jh. eine Gruppe von naturphilosophisch interessierten Theologen, die das Interesse aufnahmen und sogar schürten.[55] Der Stoff gehörte zwar zum Quadrivium der Artistenfakultät, doch viele Theologen scheuten sich nicht, ihn zu bearbeiten, als Beispiele dafür nennt Edward Grant Albertus Magnus, Robert Grosseteste, John Peckham, Dietrich von Freiberg, Thomas Bradwardine, Nicole Oresme, Heinrich von Langenstein (p.108).

Durch die neuen Übersetzungen der aristotelischen Werke, der griechischen und arabischen Kommentare dazu,[56] die zu den schon genannten Übersetzungen arabischer naturwissenschaftlicher Werke hinzutraten, wurde das Thema Natur neu, modern, faszinierend.

---

54. Siehe B. B. Price, 2013, 397–436.
55. Edward Grant, 1997, pp.105–113.
56. Siehe die Liste in Kretzmann/Kenny/Pinborg, 1982, 74–79.

Zudem ergab sich die Herausforderung, die einzelnen Fragen nicht mehr nur durch Bibelzitate zu beantworten, da sich völlig neue Aspekte zeigten. Trotzdem durfte der biblische und theologische Rahmen nicht gesprengt werden. Gerade die Überzeugung, dass die ganze Natur Schöpfung Gottes sei, konnte zu einem Interesse an Naturthemen führen. Für Albert im Besonderen konnte dies als Ergänzung zum Projekt der Gesamtdarstellung der aristotelischen Philosophie dienen, wie er es am Anfang des Physik-Kommentars darstellt (siehe Resnick, 399). Albert soll ein Buch über Astronomie geplant haben, es ist nicht mehr auszumachen, ob er es wirklich je geschrieben hat. Dasselbe Ziel, das sich Albert gesetzt hatte, nämlich das Wissen im Ganzen vorzustellen, zeigt sich auch im Studien-Handbuch von Paris aus dem Anfang des 13. Jh.,[57] es erweitert den Rahmen der Fächer des Quadriviums. Albert schliesst sich also einem modernen Trend seiner Zeit an und befördert ihn. Der „bestirnte Himmel über mir"[58] hat je schon und überall Bewunderung und Nachdenklichkeit erzeugt. Davon zeugen Mythen und Geschichten, die man aus westlicher Sicht als Kosmologien, Kosmogonien, Weltmodelle in allen Kulturen und Welten deutet.

Aristoteles befasst sich in Λ 8 mit den Gestirnen, weil die Frage nach dem Anfang des Werdens zu Recht auch im alltäglich-kosmologischen Sinn gestellt werden kann. Insofern berücksichtigt Aristoteles in Λ 8 den kosmologischen oder astronomischen Aspekt dieser Frage. Für Aristoteles zeigt sich aber, dass die Antwort auf die Frage nach dem Anfang des Werdens, nach dem Ursprung von Sein, die in diesem Bereich gegeben werden kann, nicht genügt (1072b13–14). Sie genügt nicht deshalb nicht, weil man in diesem Bereich noch Besseres wissen könnte (was ja heute gegenüber der Zeit von Aristoteles oder von Albert eindeutig der Fall ist), sondern die kosmologische Antwort genügt deshalb nicht, weil der Bereich, aus dem sie stammt, nicht ein primärer Bereich ist. Jede faktisch-empirische Antwort hat Voraussetzungen, die nur der Reflexion zugänglich sind; diese andere Antwort lautet nach Aristoteles: Der Anfang von Sein liegt in der νόησις.

Albert betrachtet die Gestirne und das sie Bewegende als separate Substanzen. Sie stellen eine der Stufen auf der Suche nach der absolut ersten Substanz dar, und sie sind eine der Stationen der Vermittlung der Bewegung vom unbewegt Bewegenden zum bewegt Bewegenden. Die Frage nach der eigentlichen, ersten, separaten Substanz muss sich zur Frage nach Gott wandeln; es bestätigt sich die onto-theologische These Heideggers, dass eine Substanz-Metaphysik notwendig zur Theologie führe. Der Hauptgrund für den Übergang von der ontologisch zur theologisch verstandenen Substanz liegt in dem Merkmal der Subsistenz, der

57. Aufbewahrt in Barcelona, MS Ripoll 109 f.134; zum Universitätswesen siehe Jacques Verger in *Grundriss, Mittelalter*, 4, Kapitel 2, § 2.

58. Kant, *Kritik der praktischen Vernunft*, Beschluss.

Fähigkeit der Substanz, allein für sich zu bestehen. Auch für Albert ist dieses Merkmal, das *existit per se* grundlegend für die Substanz,[59] doch er bemerkt sofort die Problematik dieses Merkmals, denn tatsächlich können nicht mehrere Substanzen nebeneinander in dieser Form selbständig sein, die absolute Selbständigkeit der einen Substanz würde die der anderen vernichten.

Bei Aristoteles ist οὐσία der Titel einer Frage, der Frage nach dem Sein. In *Metaphysik* Λ ist οὐσία das Stichwort für einen frühen Entwurf einer spekulativen Antwort auf diese Frage. In *Metaphysik* Z 1 ergibt sich die Frage nach dem Sein aus der Frage nach dem Seienden, denn die οὐσία ist das eigentlich Seiende, anderes Seiendes *ist* nur in Abhängigkeit von ihr. Was Aristoteles systematisch gefragt hat, ist schon lange vor Albert und Thomas in eine systematische Behauptung über die Substanz verwandelt worden. Wenn aus der systematischen Entfaltung der Frage nach dem Sein ein System von Behauptungen über das Sein wird, kommt man unweigerlich in den onto-theologischen Strudel.

59. Im dritten Kapitel des fünften Traktats zu Buch VII; Geyer, 377, 61, zu *Met.* Z 13–14, 1039a14–1039b19.

KAPITEL 3

Gliederungen

3.1 Wissen überhaupt; Philosophie im Ganzen

Dass Aristoteles in seinem Gesamtwerk, im Besonderen in der *Metaphysik* und im Buch Λ ein System darzustellen im Sinne gehabt haben soll, ist zur Zeit von Albert und Thomas ganz allgemeine Überzeugung. Auch heute ist diese Überzeugung noch sehr lebendig, aber nicht mehr so selbstverständlich wie früher.[60] Als Beispiel des Sinneswandels kann etwa die Darstellung von M. Burnyeat genommen werden, wonach Aristoteles in seiner *Metaphysik* die eine Frage – *Which are the ousiai of the sensible ousiai*? – von vier verschiedenen Ausgangspunkte her angeht, vergleichbar den verschiedenen Routen zur Besteigung eines Berges, den man ein Mal mit dieser Route, ein anderes Mal mit einer anderen besteigt, man gelangt aber immer auf denselben Gipfel.[61] Die mittelalterliche Überzeugung wird genährt durch die Vorgabe, dass Gott und seine Schöpfung alles ist, wovon überhaupt die Rede sein kann, und davon soll eben der Philosoph reden. Die Unterscheidung zwischen Schöpfer uns Geschöpf ist der erste Schritt auf dem Weg zum hierarchisch gegliederten System.

Es gibt Beispiele dafür, dass die Vorstellung eines aristotelischen Systems bei Albert und Thomas von dem, was Aristoteles tatsächlich macht, offensichtlich abweicht. Eines ist die Deduktion der Kategorien bei Thomas im Kommentar zu *Met.* V, *Lectio* 9, ein anderes die Herleitung der Anzahl der unbewegt bewegenden Intellekte *per rationem* durch Albert im zweiten Traktat, Kapitel 25: *Digressio declarans numerum motorum ex propriis primae philosophiae et per rationem.* Albert nimmt hier an, dass die Anzahl der unbewegten Beweger, wie sie aus der Beobachtung von Eudoxos (in Kapitel II, 22), Kallippos (in Kapitel II, 23) und der modernen Astronomen (in Kapitel II, 24) gewonnen werden kann, auch rein aus metaphysischen Prinzipien bewiesen werden könne. Im ganz grossen Rahmen zeugt natürlich auch seine Absicht, das Gesamtwerk des Aristoteles zu rekonstruieren, allenfalls unter Ergänzung fehlender Teile (Beispiel: *De nutrimento* und *De Intellectu et Intelligibili* sind von Albert in die *Parva naturalia* eingefügt worden),

60. E. Zeller, 1963, II, 2; 78, 176, 797, hat noch von einem *System des Aristoteles* gesprochen; auch E. Tugendhat, 1976, 33, hält es noch für selbstverständlich, dass Aristoteles auf ein System hinaus wollte.

61. Burnyeat, Myles, 2001.

für seine systematische Absicht, wie er sie im Prolog des Physik-Kommentars dargelegt hat.[62] Fehlende Teile können nur dann ergänzt werden, wenn das System im Ganzen bekannt ist. Das ist ein Vorgehen, das in der Paläontologie üblich ist.

Im *Grundriss* wird die hier nur punktuell gemachte Beobachtung bestätigt, dass um die Mitte des 13. Jh. ein „Bestreben nach einer Systematisierung der aristotelischen Philosophie" festzustellen ist.[63] Systematisierungen finden auch sonst allenthalben statt, sie dienen der leichteren Übersicht und besseren Lehrbarkeit; eine wichtige Funktion in der Verbreitung des System-Gedankens im Mittelalter scheinen die systematisch angelegten *Sentenzen* des Petrus Lombardus gehabt zu haben. Dass das Ganze ein System sein muss, hängt vermutlich auch mit der Vorstellung der Heilsgeschichte zusammen. Gott hat mit der Menschheit einen Plan, der weder zufällig noch wirr sein kann.

Albert und Thomas gliedern das Gebiet des Wissens nach den Vorgaben von *Metaphysik* E 1, wo Aristoteles das theoretische Wissen, das herstellende Wissen und das das Handeln lenkende Wissen unterscheidet. Das theoretische Wissen teilt Aristoteles nach den Unterschieden der behandelten Gegenständen in Physik, Mathematik und erste Philosophie. So gliedern nun auch Albert und Thomas das Ganze des Wissens, allerdings mit einer Erweiterung, denn die christliche Theologie kommt als ein neuer Teil des möglichen Wissens dazu, als jenes Wissen, das auf Offenbarung gegründet ist.

Dass die christliche Theologie nicht schlicht in die Philosophie zu integrieren sei, dass sie eine eigene Wissenschaft mit eigenem Gegenstand und eigener Grundlage sei, betonen sowohl Albert am Ende des Kommentars zu *Metaphysik* Λ als auch Thomas am Anfang der *Summa Theologiae*. Deshalb muss ein Verhältnis, eine Verteilung der Funktionen der Philosophie und Theologie gefunden werden.[64] Die Frage nach dem Verhältnis von Philosophie und Theologie wird allerdings von Albert und Thomas (und von vielen weiteren anderen Philosophen und Theologen des Mittelalters) verschieden beantwortet. Albert möchte beide Wissenschaften streng trennen, da sie verschiedenen Prinzipien folgen,[65] Thomas sucht Verbindungen. Es ist nicht einfach, deren Kompetenzen auszugleichen, denn es ist klar, dass die Theologie das gleichsam bessere Fundament hat, aber die Vernunft darf in ihrer Eigenständigkeit auch nicht allzu sehr eingeschränkt werden, da sie letztlich auch in den theologischen Überlegungen gebraucht wird.

62. Zur Frage siehe Silvia Donati, 2011, 354–381.

63. Valérie Cordonier, Pieter De Leemans und Carlos Steel, „§7 Die Rezeption," in: Brungs, Mudroch, Schulthess, 2017, 156.

64. Siehe die Literatur, Anm. 74.

65. Imbach, 2015, 391, tadelt Albert dafür, *la portée fondamentale pour la theologie philosophique* von Λ nicht erkannt zu haben; doch Albert ist einfach methodisch sauberer.

Thomas fragt in der *Summa*, Art. 1, Quaestio 1 *Utrum sit nececessarium praeter philosopicas disciplinas aliam doctrinam haberi*, ob es notwendig sei, dass es neben den philosophischen Disziplinen noch eine andere gebe, was er selbstverständlich bejahend beantwortet, davon wird ja die *Summa* eben handeln. Im Prolog zum Metaphysik-Kommentar gliedert Thomas zwar die Theologie in die Metaphysik ein, sofern diese nach verschiedenen Gesichtspunkten Theologie, Metaphysik und erste Philosophie genannt werden kann, in der *Summa* betont er aber den Unterschied der Theologie zur Philosophie. Es könnte sein, dass Thomas im Metaphysik-Kommentar nicht dasselbe unter Theologie versteht wie in der *Summa*; in der *Summa* könnte die Theologie gemeint sein, die auf dem Boden der Offenbarung rational betrieben werden kann, im Metaphysik-Kommentar die Einsicht in Gott, soweit sie ausserhalb der Offenbarung möglich ist. Allerdings legt das Schlussgebet in Thomas' Kommentar zu *Metaphysik* Λ wiederum nahe (siehe p. 25), dass Thomas einen unmittelbaren Übergang von dieser Theologie zur christlichen für möglich hält.

3.2 Metaphysik

Auch die *Metaphysik* des Aristoteles wird, wie das ganze *Corpus Aristotelicum*, als ein geplantes und geordnetes Ganzes verstanden. Thomas gibt entsprechende Hinweise bei den jeweiligen Anfängen der Bücher. Das hat Folgen. Eine der weniger gravierenden besteht darin, dass *Metaphysik* K schon als Wiederholung betrachtet werden muss, und Λ 1–5 gleich nochmals eine, wenn auch etwas mangelhafte Erinnerung an die Diskussion der wahrnehmbaren Substanzen in Z und H darstellt. Beides ist unter systematischem Gesichtspunkt schwer zu rechtfertigen. Eingreifender hingegen ist es, dass unter dieser Voraussetzung die ganze *Metaphysik* als eine systematisch angelegte Darstellung über die Substanz gelesen wird. Nach G. Galluzzo gliedert Thomas die *Metaphysik* wie folgt: I–VI (A–E) bereiten vor; VII und VIII (Z, H) untersuchen das Seiende, die wahrnehmbaren Substanzen, hier wird der Begriff des Seienden geklärt; IX und X (Θ, I) untersuchen *per se properties*; XI und XII (K, Λ) behandeln als krönenden Abschluss die separaten Substanzen.[66] Damit ist in den Büchern Z bis Λ des Kommentars von Thomas das Programm

subiectum – passiones subiecti – causae subiecti

66. Fabrizio Amerini and Gabriele Galluzzo, 2014, 223–225.

verwirklicht (223), wobei das *subiectum*, der Gegenstand, die Substanz ist. Insofern verfolge Thomas, sagt G. Galluzzo, das in der *Analytica posteriora* vorgegebene wissenschaftliche Programm. – Dieses Programm liesse sich auch werkintern leicht aus den Anfängen der Bücher A, Γ, E, Z, Λ von Aristoteles' *Metaphysik* rekonstuieren.

Als das Grundthema der ganzen Metaphysik bezeichnet Albert das *ens*, das Seiende überhaupt oder im Allgemeinen. Innerhalb dieses Bereichs soll dargestellt werden, was das eigentlich Seiende ist. Mehrere Gründe sprechen dafür, dass die Substanz das eigentlich Seiende sei.[67] Offensichtlich gibt es aber verschiedene Typen von Substanz, so müssen auch diese Unterschiede erfasst werden, wenn die erste und für alles andere grundlegende Substanz gefunden werden soll. Aristoteles gliedert die οὐσία in *Met.* Λ 1, 1069a30–36, wie folgt:

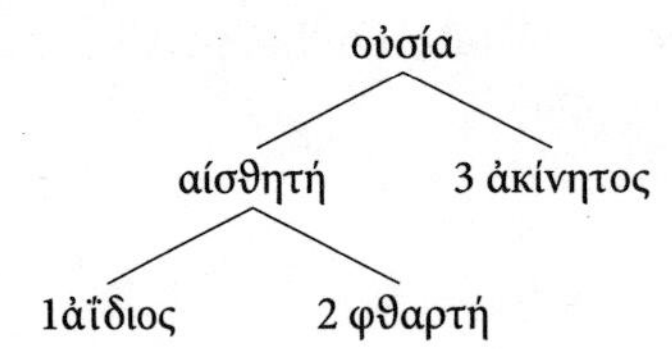

Wenn die Gruppen von Seiendem gemäss der Reihenfolge nummeriert werden, wie sie im griechischen Text erscheinen, dann enthält die erste Gruppe die Gestirne und ihre Götter, die zweite die Natur- und Kulturdinge, Aristoteles nennt Pflanzen und Tiere als Beispiele, für die dritte gibt Aristoteles Mathematisches und Ideen als Beispiele an. Aristoteles scheint sich bei dieser Liste auf allgemeine Überzeugungen seiner Zeit zu beziehen, wie seine Beispiele nahe legen. Es handelt sich um Gruppen von Seiendem, von Dingen, die offensichtlich alle kennen und um solche, wozu es prägnante Meinungen gibt, in Falle des unbewegt Seienden solche von Platon und der Akademie. Formell wird die Liste erzeugt durch die Kombination von Merkmalen wahrnehmbar, vergänglich, bewegt, und deren Negationen, sachlich ist sie nichts mehr als eine Sammlung allgemeiner Überzeugungen, endoxa. Es sind jedenfalls nicht Gruppen, die sich auf Grund einer Theorie von οὐσίαι ergäben, es ist eine lockere Aufzählung von dem, was alle oder die Fachleute glauben.

67. Eine *reservatio mentalis* meinerseits: ich werde häufig das Wort ‚Substanz' gebrauchen müssen, damit referiere ich nur das mittelalterliche Verständnis von οὐσία und dessen moderne Nachwirkung, nie ist damit gemeint, Aristoteles hätte je einen Begriff von Substanz gehabt. Dieselbe Einschränkung gilt für die Übersetzung von ἐπιστήμη mit ‚Wissenschaft,' statt, wie ich es sonst übersetze, mit ‚Wissen.' Zur Notwendigkeit, das Wissen bei Aristoteles von der modernen Wissenschaft zu unterscheiden, siehe E. Sonderegger, 2021, herunterzuladen bei philpapers.org, Kapitel 2.2.3, pp. 58–67, speziell Tabelle 2.8.

Im Griechischen ist ὄν ein im Alltag in verschiedenen Funktionen gebrauchtes Wort, beispielsweise um ein Nomen prädikativ zu machen. *Ens* dagegen ist ein Kunstwort, Priscian spricht davon,[68] und schreibt den Vorschlag, es zu bilden, Caesar zu. Es ist allerdings weder im klassischen noch in der silbernen Latinität bezeugt. Boethius übersetzt τὸ ὄν noch mit *id quod est*, auch in *De Hebdomadibus*, wo guter Anlass zum Gebrauch von *ens* gewesen wäre, auch in den anderen Texten der *Theologischen Traktate* fehlt das Wort. Bei Thomas kommt es im Titel vor: *De Ente et Essentia*, es muss allgemein üblich geworden sein. Wann und von wem es das erste Mal verwendet worden ist, weiss ich nicht, es muss zwischen Boethius und Albert geschehen sein. Für Albert ist *ens* und seine Gliederung ein bereitliegender Schul- und Lehrgegenstand, im Kommentar zur *Metaphysik* gebraucht er das Wort jedenfalls ohne Umschweife.

3.3 *Metaphysik* Λ

Wenn wir Kapitel und Bücher von *Metaphysik* Λ, den Kommentar des Albert mit seinen Traktaten und Kapiteln und den Kommentar des Thomas mit seinen *Lectiones* dazu auflisten, ergibt sich, dass die Gliederung der beiden Kommentare sehr unterschiedlich ist, siehe Tabelle 3.1.

Dieser fast unanständig langen Liste möchte ich einige Bemerkungen beifügen. Zunächst ist offensichtlich, dass Albert und Thomas ihre Überlegungen zum Text ganz verschieden gliedern. Gegeben sind zehn Kapitel des Ausgangstextes, wobei das achte (das ‚astronomische' Kapitel) das längste von allen ist, es umfasst ca. zweieinhalb Bekkerspalten von ca. vierzehn Spalten im Ganzen; die Länge des Kapitels rührt daher, dass Aristoteles hier andere Meinungen und Berechnungen zur Anzahl der Himmelssphären besonders ausführlich referiert; inhaltlich hat dieses Kapitel zur spekulativen Seite der Frage nach dem Sein in *Metaphysik* Λ wenig beizutragen, Aristoteles macht das deutlich durch mehrere Kautelen zum referierten Inhalt. In diesem Kapitel steht der kosmologische Aspekt der Frage im Zentrum, der spekulative Aspekt ist diesem jedoch übergeordnet.

Albert gliedert seine Darstellung in drei unterschiedlich lange Traktate, die unterteilt sind in fünf, neununddreisig und sieben Kapitel. Thomas gliedert in zwölf einigermassen gleich lange *Lectiones*. Die drei Traktate bei Albert haben nach der Art der darin behandelten Substanzen eine hierarchische Stufung. Der erste Traktat befasst sich mit der untersten Art von Substanzen, der zweite mit der einen obersten, der dritte Traktat mit der vermittelnden dritten Art. In den *Lectiones* von Thomas ist keine solche Ordnung zu sehen (natürlich auch bei

68. *Prisciani Institvtionvm…1855, vol. III, 239, 5.*

Tabelle 3.1 Aristoteles, *Metaphysik*, Kommentar von Albert: Traktat und Kapitel; von Thomas: *lectiones*

Met. XII	Albert		Thomas	Thema	Bekker
	Tr.	Kap.	Lectio		
Λ 1	I	1		A: *De substantia in communi et divisionibus eius*	1069a18
			I	T: Nachweis, dass vor allem die Substanz betrachtet werden muss; Rang der Wissenschaft	
		2			1069a26
		3	II	T: es gibt drei Substanzen	1069a30
		4			1069a33
2					1069b6
		5			1069b20
		6			1069b32
3			III	T: Form und Materie werden nicht	1069b35
		7			1079a9
		8		A: Digressio zu 107014–5 (*univocum ex univoco*)	
		9		A: Digressio zu 1070a17–20 (*forma extra compositum?*)	
4		10	IV	T: Gleichheit und Verschiedenheit der vergänglichen Substanzen	1070a31
		11			1070b16
		12			??
5		13		A: Digressio (*secundum analogiam eadem principia omnium*)	1070b36
		14			??
		15			1071a17
6	II	1	V	T: es gibt eine ewige unbewegliche Substanz	1071b3
		2			1071b12
		3		A: Digressio (*prima substantia immaterialis ubique et semper*)	1071b21
		4	VI	T: Akt ist prioritär gegen über Potenz	1071b22
		5			1072a12
7					1072a19
		6	VII	T: das erste Prinzip bewegt als Geliebtes	1072a26
		7		A: Digressio zu Λ 7 (*prima substantia simplex*)	
		8			
		9			1072b1
		10		A: Digressio (*de animabus caelorum*)	
		11			10722b4
			VIII	T: Vollkommenheit der ersten Substanz	1072b14
		12		A: Digressio (*vita inest caelis*)	1072b26

Tabelle 3.1 *(fortgesetzt)*

Met. XII	Albert Tr.	Kap.	Thomas Lectio	Thema	Bekker
		13		A: Digressio (*intellectus separati uniri corporibus*)	
		14			1072b30
		15			1073a3
		16		A: Digressio (*Iohannes Grammaticus*)	
8		17	IX	T: die erste Substanz gibt es nur einmal, daneben weitere Substanzen, die die Sphären bewegen	1073a14
		18			1073a27
		19		A: Digressio (*natura substantiarum separatarum*)	
		20		A: Digressio (*exitus substantiarum a causa prima*)	
		21		A: Digressio (*una intelligentia ab alia*)	
		22			1073b3
			X	T: Anzahl der bewegenden Substanzen; Eudoxos	1073b17
		23		A: Kallippos	1073b32
		24		A: Digressio (*opiniones modernorum*)	
		25		A: Digressio (*numerus motorum per rationem*)	
		26		A: Digressio (*dubitationes*)	
		27			1074a14
		28			1074a31
		29			1074b1
9		30	XI	T: Bemerkungen zum Intellekt des Ersten	1074b15
		31		A: Digressio (*natura intellectus substantiarum divinarum*)	
		32		A: Digressio (*intellectus divini ad invicem*)	
		33		A: Digressio (*modus intelligendi substantiarum divinarum*)	
		34		A: Digressio (*modus cogitationis substantiarum divinarum*)	
		35		A: Digressio (*intellectus*)	
10		36	XII	T: die Ordnung des Universums, alles ist auf Gott ausgerichtet als dessen letzte Zweckursache	1075a11
		37			1075a25
		38			1075b11
		39		A: Digressio (*unus dominatus*)	1076a4
			XII, Ende	T: Gebet; mit Bezug auf den Anfang des Prologs	1076a4
8	III	1–6		*Digressio declarans substantiam incorruptibilem sensibilem mobilem*	
		7		*De duabus viis, quibus processerunt antiqui philosophi in cognitione principiorum substantiae*	

Aristoteles nicht), Thomas folgt erläuternd dem Text. Der Gliederungsgrund der Traktate liegt für Albert darin, dass er die drei Arten von Substanz, von denen Aristoteles in Λ 1 spricht, verständlich machen will. Im Titel des dritten Kapitels des *Tractatus primus* unterscheidet Albert diese drei Arten mit weiteren, systematisierenden Merkmalen, die seiner Tradition entnommen sind:

> *TR I, Cap. 3. De trimembri divisione substantiae in corruptibilem mobilem et in incorruptibilem mobilem et in eam quae est separata, et est in eo digressio declarans, quam differenter utuntur causis physicus et primus philosophus*

Die gliedernden Merkmale sind wahrnehmbar, vergänglich, beweglich und *separata*, abgetrennt (wohl für χωριστόν).[69] Somit sind drei Arten von Substanzen nach Tabelle 3.2 zu unterscheiden.

Tabelle 3.2 Gliederung der Substanzen nach Albert

substantia	*sensib.*	*mobil.*	*corr.*	**Seiendes**
incorruptibilis sed mobilis	+	+	–	Gestirne, Seelen, Intellekte
sensibilis corruptibilis et mobilis	+	+	+	Natur-, Kulturdinge
insensibilis et immobilis separata	–	–	–	*substantia separata*, erste Substanz

Für Albert sind das theoretische Entitäten, d. h. es ist Seiendes, das eine Theorie wahr macht; bei Aristoteles waren die drei Seinsweisen der herrschenden Meinung entnommen, es waren endoxa. Abweichende Meinungen nennt und diskutiert Albert, um danach seine eigene darzulegen und zu verteidigen. Das Ziel der Gliederung der Arten von Substanz ist es, deren Hierarchie festzulegen. Letztlich geht es um den Beweis, dass die erste Substanz existiert, und dass sie das Wesen und die Funktion hat, die sie der Tradition gemäss haben soll. Wenn

---

69. Im Kommentar zu 1069a30 lesen wir:

> Liber II, Tr I, cap 3, Geyer, 462,22:
> *Substantiae vero vera divisio est, quod dividatur in tres, quia substantiae tres sunt. Dividitur enim primo substantia in eam quae est sensibilis, et in eam quae est insensibilis. Sensibilis autem dividitur in eam quae est corruptibilis, et in eam quae est incorruptibilis. Insensibilis autem dicitur immobilis, quae suas inferius habebit divisiones. Et sic sunt tres in communi:*
>
> – *sensibilis incorruptibilis, sed mobilis*
> – *et sensibilis corruptibilis et mobilis*
> – *et insensibilis et immobilis separata,*
>
> *et de omnibus his oportet nos determinare secundum modum et proprietatem huius sapientiae.*

die Bestimmung *separata* hier speziell für und nur für die erste Substanz gelten soll, dann muss sie in einem engeren Sinne genommen werden als Aristoteles χωριστόν braucht, denn „abtrennbar" zu sein trifft bei Aristoteles auf alle οὐσίαι gleichermassen zu. Albert folgt zwar an jenen Stellen, die im engeren Sinn Kommentar sind, durchaus dem Text, aber an wenigen Stellen setzt er an einer anderen Stelle mit einem neuen Kapitel ein als der kommentierte Text, offenbar aus inhaltlichen Gründen.

Alberts Darstellung der drei Gruppen von Substanzen unterscheidet sich von der des Aristoteles, insofern Albert für die dritte Gruppe den Singular wählt, während Aristoteles davon im Plural spricht und als Beispiele für diese Art von οὐσίαι Mathematisches und Ideen nennt; von Gott oder Göttern ist unter dem Titel οὐσία ἀκίνητος χωριστή keineswegs die Rede. Es könnte sein, dass bei Albert mit dem Singular schon das Ziel der gesamten Darlegungen – ‚Gott' – durchschimmert.

In der Folge legt Albert die drei Arten der Substanz so in eine Reihe, dass sich eine Begründungsfolge ergibt: *substantia insensibilis immobilis separata* ist das Prinzip der *substantia sensibilis incorruptibilis sed mobilis*, und diese das Prinzip der *substantia sensibilis corruptibilis.* Wenn die *substantia insensibilis immobilis separata* das weiter selbst nicht mehr begründete Prinzip von allem anderen ist, schliesst das aus, dass es sich hier wie bei Aristoteles um Mathematisches und Ideen handeln könnte. Die von Albert vorgenommene Gliederung des Seienden kann so dargestellt werden:

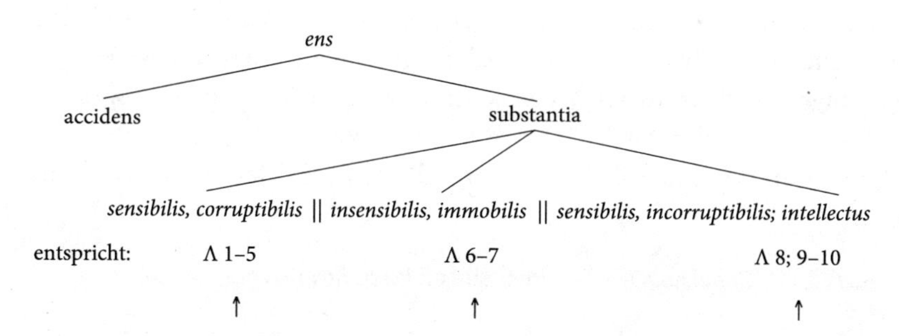

Die Titel der drei Traktate lauten:

I. *Tractatus primus, De substantia in communi et divisionibus eius.*
II. *Tractatus secundus, De substantia insensibili et immobili.*
III. *Tractatus tertius, Qui totus es digressio declarans substantiam incorruptibilem sensibilem mobilem.*

Gemäss dem Titel handelt der erste Traktat von der Substanz im Allgemeinen und deren Gliederung. Diese Themen werden tatsächlich behandelt, aber, da Albert zugleich kommentierend dem Grundtext Λ 1–5 folgt, kommt auch die *substantia sensibilis corruptibilis*, die οὐσία αἰσθητή, zur Sprache.

Der zweite Traktat gibt einige Probleme auf. Faktisch behandelt Albert die Kapitel Λ 6–10 in der Form des Kommentars. Doch diese Kapitel handeln nicht einheitlich von der nicht wahrnehmbaren und unbeweglichen Substanz. Ohnehin Λ 8 nicht, die von den Gestirnen und den sie besetzenden Göttern sprechen. Jedoch auch Λ 9 und 10 nicht. Λ 9 handelt von einigen Fragen, die der nous, von dem in Λ 6 und 7 die Rede war, stellt. Gott kommt im Text nicht vor, ebensowenig in Kapitel Λ 10, das eher eine Sammlung von Einzelfragen darstellt. Ein unter verschiedenen Aspekten in Λ 10 öfter angesprochenes Thema ist das Gute, Aristoteles fragt, inwiefern es sich im Universum finde, oder wie, in welchem Sinne, es Prinzip sei. Das sind nicht Themen, die unmittelbar zum Thema von Λ 6–7, zur *substantia insensibilis et immobilis*, gehören, allenfalls sind es Folgethemen.

Obwohl die Hauptfrage für Albert die *substantia separata* bleibt, treten Überlegungen zu den Gestirnen, ihren Seelen und Intellekten in den Kapiteln 10–16 des zweiten Traktats markant in den Vordergrund (speziell die Kapitel 10, 12 und 13; diese Kapitel stehen aber noch im Rahmen des Kommentars zu Λ 7). Ab Traktat II, Kapitel 17, bezieht sich dann Albert effektiv auf Λ 8. Auch in den Erörterungen zu Λ 8 gibt es noch Unterbrüche, wie etwa in Kapitel 24, wo Albert die *opiniones modernorum* zur Anzahl der Sphären referiert, und in Kapitel 25, wo er diese Anzahl *per rationem* deduzieren will. Diese Abschweifungen sind natürlich nicht zu tadeln, sie gehören zu der von Albert gewählten Darstellungsmethode und Erklärungsabsicht. In dieser Weise kann er den Gedankengang insgesamt besser erläutern, die Erklärung des Wortlautes im Einzelnen bleibt sekundär.

Mit Kapitel 30 im zweiten Traktat beginnt Albert die Erörterung von Λ 9, sein Titel lautet:

Tractatus II, *Caput* 30. *De modo intellectus substantiarum separatarum.*

Albert bezieht die Λ 9 eröffnende Frage[70] offensichtlich sofort auf den Intellekt der selbständigen Substanzen, von denen in Λ 8 die Rede war; er versteht die Frage nicht als eine allgemein den nous betreffende. So ergibt sich ein unmittelbarer Zusammenhang zwischen Λ 8 und Λ 9. Später, z. B. 1074b25, *Palam ergo est ex his, quod hoc quod est substantia separata*, ... kommentierend, verwendet Albert allerdings auch wieder *substantia separata* im Singular.

70. Siehe Anm. 49.

Es ist nicht einfach zu entscheiden, ob einige Erörterungen in II, Cap. 30. zum *intellectus primae* bzw. *separatae substantiae* tatsächlich bloss auf die peripatetische erste Substanz oder doch auch auf den christlichen Gott zu beziehen sind. Auch, wenn er von der *prima et separata substantia* spricht, könnte damit wieder die eine einzige Substanz, also Gott, gemeint sein. Allerdings, die Eindringlichkeit, mit der Albert immer wieder betont, er wolle nur die Peripatetiker auslegen, macht das wieder eher unwahrscheinlich. Eigentlich muss man ihm seine Beteuerungen glauben, dann ist aus diesen Äusserungen sein Verständnis von Aristoteles zu entnehmen. Dass dieses dann doch in die Nähe der christlichen Theologie kommt, ist wiederum nicht erstaunlich, wenn die Thesen des *Liber de Causis* die Vollendung der aristotelischen Philosophie darstellen, und Texte von Dionysios Areopagita mit ihr für kompatibel gehalten werden.

Im Kommentar zu 1074b28 scheint ein Versehen vorzuliegen. Das πρῶτον μὲν οὖν ... in 1074b28, in der Übersetzung *Primum ergo*, greift Albert im Kommentar auf als *Primum ergo principium*, was wieder auf das einzige und erste Prinzip hinzuweisen scheint. Doch das πρῶτον μὲν οὖν bezeichnet nur den Anfang einer Aufzählung, es folgt später ἔπειτα; so hat es auch die *Anonyma*, wo auf das *primum* einige Zeilen weiter das *deinde* folgt.

Die Kapitel 31 bis 35 im *Tractatus secundus* sind Digressionen zu verschiedenen Fragen zum Intellekt der peripatetischen göttlichen Substanzen. Hier greift Albert inhaltlich auf Λ 8 zurück, aber die Digressionen stehen am Ende von Λ 9. Hier ist wieder der Plural vorherrschend, Albert spricht von den *intellectus separatarum substantiarum*. Auch in der Digression des Kaptels 31 erscheint der Plural: *digressio declarans naturam intellectus substantiarum divinarum*, da geht es offensichtlich wieder um die Gestirnsgötter. Dasselbe gilt für die weiteren Digressionen bis Kapitel 35 des zweiten Traktates.

Der dritte Traktat hat die zwar wahrnehmbare und bewegliche, aber doch unvergängliche Substanz zum Thema, damit greift Albert nochmals Fragen von Λ 8 auf. Der dritte Traktat kann dann als eine einfache Fortsetzung desselben Themas betrachtet werden, wenn man, wie es Albert zu tun scheint, Λ 9 und 10 als weitere Ausführungen zu Λ 8 versteht, jetzt eben zu den Intellekten der göttlichen Substanzen.

Zu Thomas nur wenige Bemerkungen. Thomas versteht Λ 1–5 als den vorbereitenden Teil, 6–10 ist das eigentliche Thema, denn erst mit Λ 6 beginnt die angestrebte Behandlung der nicht wahrnehmbaren aber doch selbständigen Substanzen. Hier findet sich auch der Gottesbeweis (nach Galluzzo, 244). Die Zweiteilung hat sich bis heute bestätigt, sowohl durch sprachliche als auch inhaltliche Beobachtungen (allerdings ohne Gottesbeweis).

Λ 8 stellt für Thomas in diesem gedanklichen Ablauf keinen Unterbruch dar, zum einen, weil die beseelten Gestirne ja selbst von separaten Substanzen besetzt sind, und dann, weil die Gestirne und ihre Götter – jetzt eben Engel – die Bewegung als relativ unbewegte Beweger vom absolut unbewegten Beweger, Gott, auf die Dinge der Welt um uns herum vermitteln müssen. Wenn Λ 9 die Intellekte der unbewegten Beweger untersucht, schliesst es unmittelbar an Kapitel 8 an, und, Λ 10 mit der Frage nach dem Guten, passt auch bestens, da die Güte eines der zentralen Attribute von Gott ist.

Der grösste Unterschied zwischen dem Kommentar von Albert und Thomas – abgesehen von der Methode der Darstellung – zeigt sich am Schluss. Albert befasst sich in den ersten sechs Kapiteln des dritten Traktats nur mit den Gestirnen, ihren Sphären und den sie bewegenden Seelen und Intellekten. Das siebente Kapitel schliesst den Kommentar zu Λ ab mit einer programmatischen Erklärung zum Unterschied von Theologie und Philosophie, die er aus methodischen Gründen streng trennen will: Die Philosophie muss der *ratio* folgen, die Theologie der Offenbarung.[71]

Thomas dagegen beendet den Kommentar zu *Metaphysik* Λ mit einem Gebet, das unmittelbar an den Schlusssatz des Textes, das Zitat aus Ilias B 204, anschliesst, es sei nicht gut, wenn viele herrschen würden, nur einer solle Herrscher sein (siehe oben p. 25).[72] Es ist also ein unmittelbarer Übergang von Aristoteles zum Christentum möglich. Alles Vorherige kann nun unter neuen, religiösen, Vorzeichen gelesen werden. Wenn dies, nämlich der Nachweis der Existenz und der Einzigkeit Gottes, das Resultat ist, dann müssen auch die Prämissen entsprechend sein.

3.4 Das Verhältnis zwischen Physik und Metaphysik bei Albert

Am Anfang des Metaphysik-Kommentars spricht Albert von den Unterschieden der drei theoretischen Wissenschaften, der Physik, der Mathematik und der Metaphysik. Nach der Behandlung der Wissenschaften, die sich mit der Natur befassen und nach dem Quadrivium komme er jetzt, im Kommentar zur *Metaphysik*, zur *vera philosophia*. Im Unterschied zur Physik, die vom Seienden handle, das in der Materie existiere und deshalb mit Bewegung verbunden, räumlich und zeitlich sei, handle die jetzige *sapientia* von den höchsten und göttlichen Dingen:

71. Für Imbach ein Fehler, 2015, 391; zur Haltung von Thomas schreibt Imbach: "il ne souscrira jamais à une telle déclaration de neutralité" (392). Kriterium der Textauswahl war für Imbach der Beitrag des Textes zum Verständnis der Metaphysik (2021, 45), und Thomas verstehe richtig „Metaphysik als Theologie“ (2021, 37–41).

72. Zu dieser Stelle der *Metaphysik* siehe Erwin Sonderegger, 28. 03. 2020, 463–464, auf philpapers.org.

> *Haec autem speculatio est rerum altissimarum divinarum, quae sunt esse simplicis differentiae et passiones praeter conceptionem cum continuo et tempore, nihil accipientes principiorum essendi ab eis, eo quod priora illis sunt et causae eorum, et ideo ista stabiliunt in esse omnia continua et omnia temporalia.* (Geyer, 2, 16)

So kommt es zu einer Hierarchie der Wissenschaften, die auf einem transitiven Begründungsverhältnis beruht (siehe auch p. 43 und p. 63):

> *Sicut enim causa tertia in ordine fundatur in secundaria et secundaria fundatur in primaria et primaria non fundatur in aliquo, sed est fundamentum omnium consequentium, ita naturalia et doctrinalia fundantur in divinis, et divina non fundantur, sed fundant tam mathematica quam physica.* (Geyer, 2, 24)

Der Physiker müsse voraussetzen, dass die Körper beweglich seien, der Mathematiker, dass das Quantum kontinuierlich oder diskret sei, denn aus ihren eigenen Prinzipien können die Einzelwissenschaften das Sein ihrer Gegenstände nicht beweisen, das sei Aufgabe der hier vorzustellenden Wissenschaft:

> *Propter quod cum physicus supponit esse corpus mobile et cum mathematicus supponit esse continuum quantum vel discretum, ideo ponit esse, quia ex suis propriis principiis esse ipsum probare non potest, sed oportet, quod esse probetur ex principiis esse simpliciter. Et ideo ista scientia stabilire habet et subiecta et principia omnium aliarum scientiarum.* (Geyer, 2. 53)

Diese Wissenschaft heisse *transphysica*, da ihre Prinzipien die der Natur und das Natürliche übersteigen. Im Falle der *sacra disciplina* oder *sacra scientia* erhält das Wort ‚Prinzip' einen anderen Sinn, es sind nicht Denkprinzipien oder Logisches, es ist auch nicht die sachliche Grundlagen der Naturbetrachtung damit gemeint, sondern die grundlegenden geoffenbarten Glaubenswahrheiten; man könnte sie vielleicht passender Voraussetzungen oder Prämissen nennen. Diese *scientia* heisse auch *divina*, weil alles dergleichen eben göttlich und Erstes sei. Sie betrachte das Sein nicht unter Einschränkungen in Bezug auf dieses oder jenes, sondern sofern es der erste Ausfluss Gottes und das erste Geschöpf sei, vor dem nichts anderes sei:

> *Et ex his duobus necessario sequitur, quod in ista sapientia habeant fundari et stabiliri. Propter hoc ista scientia transphysica vocatur, quoniam quod est natura quaedam determinata quantitate vel contrarietate, fundatur per principia esse simpliciter, quae transcendunt omne sic vocatum physicum. Vocatur autem et divina, quia omnia talia sunt divina et optima et prima, omnibus aliis in esse praebentia complementum. Esse enim, quod haec scientia considerat, non accipitur contractum ad hoc vel illud, sed potius prout est prima effluxio dei et creatum primum, ante quod non est creatum aliud. De his autem in consequentibus perquiretur subtilius.* (Geyer, 2, 87)

Deshalb überrage diese Wissenschaft die anderen theoretischen:

> *Inter theoricas autem excellit haec divina, quam modo tractamus, eo quod fundat omnium aliarum subiecta et passiones et principia, non fundata ab aliis. Et ipsa est intellectus divini in nobis perfectio, eo quod est de his speculationibus quae non concernunt continuum vel tempus, sed simplices sunt et purae ab huiusmodi esse divinum obumbrantibus et firmae per hoc quod fundant alia et non fundantur; admirabiles ergo sunt altitudine et nobiles divinitate.* (Geyer, 3, 18)

Im zweiten Kapitel des ersten Traktats von Buch I seines Kommentars zur *Metaphysik* diskutiert Albert den Gegenstand der vorzustellenden Wissenschaft. Einige würden sagen, es sei die *causa* (Geyer, 3, 35), denn sie frage nach den ersten Gründen. Dieser Begriff des *obiectum* passe offenbar nicht zum faktischen Inhalt der *Metaphysik.* Gegenstand einer Wissenschaft sei das, worauf die Differenzen des Untersuchten reduziert werden können; jedoch Kategorien usw. (als Inhalte der Metaphysik) seien aber nicht auf ‚Grund' reduzierbar. Andere würden sagen, Gott sei der Gegenstand (Geyer, 3, 81), da alle Dinge in Gott gründen. Albert hält dem entgegen, dass in keiner Wissenschaft das Gesuchte als Gegenstand bezeichnet werde, hier aber werde Gott gesucht. Dem ersten Satz von *Metaphysik* Γ folgend betrachtet Albert als den Gegenstand der Metaphysik das

> *ens inquantum ens et ea quae sequunter ens*;

sie handle vom Ersten, und das sei das Seiende, *ens* (Geyer, 4. 51). Albert bestimmt also das *ens* als den Gegenstandsbereich der Metaphysik, Thomas wird alle drei Namen nennen, *theologia, Metaphysica, prima philosophia,* da die Metaphysik offenbar verschiedene Hinsichten auf dasselbe nehmen kann. Albert wendet sich aber gegen eine solche Aufteilung, die

> *Quidam Latinorum logice persuasi* (Geyer, 5, 34)

aufgebracht hätten, indem sie zwar auch das *ens,* zugleich aber auch *causa* und *deus* als Gegenstand der Metapyhsik bezeichnet hätten, die *prima philosophia* habe aber nur einen Gegenstand, und der sei *ens.*

Auch im Kommentar zu Λ 1 kommt Albert auf den Unterschied zwischen Physik und Metaphysik zu sprechen. Im Titel des dritten Kapitels des ersten Traktates kündigt Albert zusätzlich eine Digression an, in welcher er Physik und Metaphysik hinsichtlich Leistung und Zweck vergleiche (Text siehe p. 42) Im Kommentar zur Stelle 1069a33 (Geyer 462, 16) befasst sich Albert mit diesem Unterschied; zu 1069b1 (Geyer 462, 49–58) heisst es, dass die Physik die Grundlagen des Natürlichen nur insofern sie beweglich seien betrachte; die Metaphysik betrachte dasselbe, insofern es Substanz sei, die „vom formalen Ersten und vom letzten Zweck ausfliesse“:

> *prout est substantia fluens a primo formali et ultimo fine.* (Geyer, 462, 56)

Dem schliesst sich der folgende Text an:

> *Hic autem [*sc. in der Metaphysik im Gegensatz zur Physik, von der eben die Rede war*] efficientem primum et per se ostendemus esse finem universalem et quod ab ipso fluunt omnes substantiae mobiles, et quod ipse est sicut dux exercitus ad universum.* (Geyer, 462, 62)
> „Hier jedoch werden wir zeigen, dass das an sich hervorbringende Erste das allgemeine Ziel ist, und dass von ihm aus alle beweglichen Substanzen fliessen, und dass er selbst sich zum Universum so verhält wie ein Heerführer < zum Heer >.“

Die Formulierung, dass die Metaphysik zeigen kann, dass und wie die Substanz „vom formalen Ersten und vom letzten Zweck ausfliesse“ ist ein deutliches Zeichen der neuplatonischen Herkunft des Gedankens, vermittelt durch den *Liber de Causis*. Albert weicht hier deutlich vom zu kommentierenden Text ab. Die Physik könne nur nachweisen, dass das *primum movens* unbeweglich sein müsse, die Metaphysik jedoch, heisst es kurz darauf, könne beweisen, dass eben dies, das *primum* ***movens***, „die Ursache des Seins im Ganzen sei und < dessen > Form und Ziel, und auf diese Weise wollen wir hier den ersten Beweger suchen.“ Hier finden wir einen auffälligen Wechsel vom neutralen zum maskulinen Ausdruck innerhalb eines Satzes:

> *Quamvis enim ibi per motum ostenderimus* ***primum movens*** *esse immobile, non tamen ostendimus ipsum, prout ipsum est causa universi esse et forma et finis, et hoc modo investigabimus hic primum* ***motorem.*** (Geyer, 462, 69)

3.5 Das Verhältnis zwischen Metaphysik und Theologie bei Albert

Noch diffiziler als die Frage, was die Metaphysik von der Physik in ihrem Vorgehen und ihrem Ziel unterscheide, ist die Frage nach dem Unterschied zwischen Metaphysik und Theologie. Albert äussert sich an mehreren Stellen zu dieser Frage. Als Textstellen wähle ich die Stelle aus dem Metaphysik-Kommentar zum *Liber sextus, Tractatus primus* und jene am Schluss der letzten Digression des Kommentars zu Λ in *Tractatus tertius.* (Einige Bemerkungen zur Stellungnahme Alberts in der *Summa* finden sich unten, p. 93) An der ersten Stelle behandelt Albert *Metaphysik* E, im Titel des zweiten Kapitels nennt er das Thema, dass es drei theoretische Wissenschaften gebe:

Liber sextus, Tractatus primus, Cap. 2, *Quod tres sunt theoricae essentiales*

Zur Physik hält Albert, Aristoteles folgend, fest, dass die Physik jene Wissenschaft sei, die sich mit der Substanz einer bestimmten Gattung befasse, nämlich mit jener, deren Prinzip von Bewegung und Stand in ihr selbst liege,[73] aber nicht mit der Substanz schlechthin:

> *Ex omnibus autem praedictis accipitur, quod physica est scientia circa quoddam genus entis, eo quod non circa substantiam est simpliciter, sed circa talem substantiam in qua est principium motus et status ita, quod principium sit in ea sive intrinsecum.* (Geyer, 303, 28)

Dann geht er auf den theoretischen Charakter der Physik ein. Sie sei zwar theoretisch, nicht ethisch, aber sie befasse sich nicht mit dem Seienden als solchem, sondern mit dem Seienden, das mit der wahrnehmbaren Materie verbunden sei und der Bewegung und Veränderung unterworfen sei:

> *manifestum est scientiam, quae est physica, practicam non esse, sed theoricam sive contemplativam. Est tamen theorica non circa ens, secundum quod ens, habens speculationem, sed circa tale determinatum ens, quod est possibile moveri ita, quod principium motus et status habet in seipso, et est circa substantiam, quae est secundum rationem formalem solum, quae secundum magis sive in pluribus non est separabilis, sed concepta cum materia sensibili, quae subiecta est motui et mutationi.* (Geyer, 304, 4)

Wenn es ein Seiendes gebe, das schlechthin unbeweglich sei, weil es einfach und unteilbar sei, keine Grösse habe und ewig sei, weil es entweder selbst notwendig sei oder direkt von dem abhänge, das notwendig sei, dann sei klar, dass es Sache einer Theorie sei, etwas von ihm zu wissen:

> *Si vero est aliquod ens quod simpliciter est immobile, eo quod est simplex et impartibile, nullam habens magnitudinem penitus, et sempiternum, eo quod ipsum est necesse <esse> vel immediate pendens ex eo quod est necesse esse, et est separabile secundum esse et rationem diffinitivam, eo quod ipsum non est nisi substantia simplex: palam est, quod de hoc ipso est alicuius theoricae nosse, cum illius principium non sit in nobis.* (Geyer, 304, 92)

Das Kapitel 2 endet mit der Feststellung, dass die erste Philosophie sich von den anderen zwei theoretischen Wissenschaften, der Mathematik und der Theologie, dadurch unterscheide, dass sie es zu tun habe mit schlechthin Unbeweglichem und schlechthin Selbständigem. Unbeweglich Seiendes sei Grund von Ewigem,

73. *Metaphysik* Γ 1–2; der Grundsatz in *Physik*, A 2, 185a12–14, ἡμῖν δ᾽ ὑποκείσθω τὰ φύσει ἢ πάντα ἢ ἔνια κινούμενα εἶναι·

das in seinem Sein und nach seinem Begriff nicht der Bewegung unterworfen sei. Aus dergleichen Gründen komme alles, was wir in unserer Welt sehen:

> *Prima vero philosophia, quae ab utrisque diversa est, et circa immobilia simpliciter est et circa simpliciter separabilia. Immobilia vero entia sunt simpliciter causae omnes quae sunt sempiternae, non subiectae motui secundum esse vel secundum rationem. Tales autem maxime sunt causae esse, secundum quod est. Tales enim causae sunt divinae et sunt causae his singularibus quae manifesta sunt in mundo. Omnia enim haec procedunt ex his quae divina sunt, sicut ex causis et principiis primis. Patet igitur ex omnibus quae inducta sunt, quod tres erunt philosophiae theoricae et non plures, mathematica videlicet et physica et theologia sive divina. Hoc autem late in i huius sapientiae libro a nobis disputatum est.* (Geyer, 305, 16)

Es folgt Kapitel 3 des ersten Traktates, in dem Albert Buch VI (=*Metaphysik* E) behandelt; er führt aus, dass diese Wissenschaft, die erste Philosophie, göttlich, am ehrenvollsten, die erste unter den Wissenschaften und allgemein sei:

> *Cap. 3. Quod haec scientia sit divina et honorabilissima et prima et universalis.*

Albert beginnt, 1026a20 kommentierend, mit der Aussage: Das Göttliche ist, wenn in überhaupt irgendetwas, das man wissen kann, dann in eben dieser unbeweglichen, selbständigen und einfachen Substanz:

> *Non enim est alicui non manifestum, quia si in aliquo scibili divinum intus existit, tunc oportet, quod in tali natura immobili et separata et simplici existat. Unde sicut in physicis physica sunt, in quorum diffinitione cadit natura, quae est simpliciter natura et haec est forma, eo quod omnes alii modi naturae proportione illius naturae dicuntur natura: ita in prima philosophia omnia dicuntur divina, eo quod in diffinitione eorum cadit deus. Quia sicut inferius late prosequemur, omnia exeunt a primis principiis divinis et in ipsis sunt sicut artificiata in mente artificis.* (Geyer, 305, 32)

Immer noch in Kapitel 3 erörtert Albert die berühmte Stelle *Metaphysik* E 1, 1026a23–25,

> καὶ καθόλου οὕτως ὅτι πρώτη.

Diese Aussage wird bis heute kontrovers interpretiert, und sie ist entscheidend für das Verständnis des Verhältnisses von Theologie und Philosophie. Ihr folgt bei Albert die Bestimmung der ersten Philosophie, 1026a30:

> *Ex hoc autem quod diximus primam philosophiam esse circa divina immobilia et separata et simplicia; dubitabit fortasse aliquis utrum ipsa sit scientia universalis, sicut saepe iam diximus, an forte sit circa aliquod genus subiectum unum et circa naturam unam divinam, et sic sit scientia particularis sicut et aliae scientiae, quae circa unam partem entis contemplantur.* (Geyer 305, 63–69)

Albert löst das Dilemma dahingehend, dass zwar sehr wohl das Thema der ersten Philosophie Gott und Göttliches sei, doch das seien eben die *principia universi* und deshalb auch die Prinzipien des Seienden als solchen, und das sei das Allgemeinste.

Eine sehr wichtige Stelle für Alberts Verständnis des Unterschieds zwischen Philosophie und Theologie befindet sich im letzten Kapitel des dritten Traktates im Kommentar zu *Metaphysik* Λ. Es sind sozusagen die „letzten Worte" Alberts zu diesem Thema. Der Titel der letzten Digression des dritten Traktats lautet:

> *Liber undecimus, Tractatus tertius, Cap. 7 De duabus viis, quibus processerunt antiqui philosophi in cognitione principiorum substantiae*

Albert stellt den platonischen und den aristotelischen Weg zu philosophieren dar und beschliesst seinen Kommentar zu *Metaphysik* Λ mit folgenden Worten (Geyer, 542, 7–31):

> *Quidam autem neutram istarum sequuntur viarum, putantes incedere in via philosophiae, et confundunt philosophiam in theologiam dicentes, quod in veritate ab uno simplici primo agente per essentiam non est nisi unum. Si ergo, quod est ab ipso, sit multum et multiplex, non agit per essentiam. Videmus autem unum caelum non produci in esse per alterum nec omnino generari caelum ex materia et ipsum esse multiplex valde. Oportet igitur, quod producatur in esse per aliquid agens per electionem. Hoc enim agit multa, unum existens, sicut vult, et causat ex nihilo, cum non indigeat praeiacente materia propter excessum infinitae virtutis ipsius super omne agens. Sed sicut nos iam in antehabitis protestati sumus, nos istas positiones non prosequimur, quia non suscepimus in hoc negotio explanare nisi viam Peripateticorum. Quaecumque autem Plato dixit, habeant firmitatem, quam possunt, donec forte ab aliquo explanentur. Theologica autem non conveniunt cum philosophicis in principiis, quia fundantur super revelationem et inspirationem et non super rationem, et ideo de illis in philosophia non possumus disputare. Quaecumque autem alia hic dicenda forent de substantia mobili et sensibili, sed incorruptibili, in i et ii libro de caelo et mundo sunt explanata.*

Man darf Theologie und Philosophie nicht vermischen, wie es einige tun, sagt Albert, da sie verschiedenen Prinzipien folgen; die Theologie gründet auf Offenbarung (d. h. auf den geoffenbarten Glaubenswahrheiten) und Eingebung, die Philosophie auf Vernunft. Daraus lässt sich ableiten, dass es zwar gilt, Philosophie und Theologie zu trennen, aber zu Gunsten der Theologie, der Zweck der Trennung ist die Reinhaltung der Theologie.

Albert weist hier darauf hin, wie schwierig es ist zu entscheiden, wie sich religiöser Glauben und Wissen zueinander verhalten; die Frage ist bis heute aktuell geblieben. Eine der Hürden dieses Problems ist rein logischer Natur: wer oder was ist befugt, die Frage zu entscheiden? Wenn das Verhältnis durch den Glauben entschieden wird, ist die Antwort klar, der Glaube hat Priorität, die Offenbarung als direktes Wort Gottes überstimmt alles; doch andererseits kann auch diese Entscheidung für den Glauben eigentlich nur mit rationalen Argumenten gefällt werden. „Das Wort Gottes ist mehr wert als die menschliche Vernunft" ist ein Argument, und fällt unter die Kompetenz der Vernunft. Wenn das Verhältnis durch die *ratio* entschieden werden soll, hat die Offenbarung keine Chance. Andererseits, wenn man der Vernunft das Recht gibt, die gegebenen Glaubenswahrheiten rational zu ordnen, hat sie deswegen noch keinen Einfluss auf deren Inhalt.[74] Zuletzt betont Albert nochmals sehr deutlich, dass all das Gesagte nichts weiter als Darlegung peripatetischer Gedanken sei, nicht seine eigene Meinung.

In dem in Anm. 74 genannten Beitrag exponiert Anzulewicz sehr ausführlich den historischen Kontext zur Frage nach dem Verhältnis von *ratio et fides*. Er zeigt auf, wie es begonnen hat, dass der Wunsch aufkam, die Wunder der Bibel mit aristotelischer Naturwissenschaft zu erklären statt sie bloss auf die Allmacht Gottes zurückzuführen (136).[75] Darin ordnet sich auch Albert ein, der nicht nur Theologie und Philosophie sauber getrennt haben will, sondern auch Theologie und Naturwissenschaft. Albert hat sich jedenfalls dadurch ein grosses Verdienst erworben, dass er der Theologie ein philosophisches argumentatives Instrumentarium vermittelte.

Für die Orthodoxie sind die Versuche, theologisch relevante Fragen mit bloss philosophischen Mitteln zu beantworten noch problematischer als die rationale Deutung der Wunder. Als Beispiele solcher Fragen nennt Anzulewicz das Wahrheitsverständnis, die Ewigkeit oder Endlichkeit der Welt, den Willensdeterminismus, die Frage nach dem Glück, die Frage der numerischen Einheit des Intellekts für alle Menschen (134). Ohne Subversion anzustreben, ergab sich doch eine sozusagen subversive Infiltration der Theologie durch die Philosophie der Artistenfakultät. Von dieser Art waren die Gründe, die zur Verurteilung der Schriften zur Natur des Aristoteles führten; Anzulewicz zeigt die Reaktionen verschiedener Gelehrter auf die Verbote auf. Maria Burger (siehe Anm. 74) bezieht sich zur selben Frage im Besonderen auf den Beginn des *Sentenzenkommentars* von Albert, der zu den Frühschriften gehört. Es scheint, dass Albert später im Metaphysik-Kommentar auf diese frühen Einsichten zurückgreift, wonach die Theologie zwar theoretisch sei, aber doch auch praktisch, weil sie das Ziel habe, *ut boni fiamus*, gut zu werden, ohne deswegen eine Ethik zu sein.

74. Diese Frage ist natürlich sehr häufig behandelt worden, siehe den entsprechenden Abschnitt von Peter Schulthess in *Grundriss*, Mittelalter 4, mit sehr viel weiterer Literatur; ausführlich hierzu Henryk Anzulewicz, 2007, 129–165. Zum Komplex der Frage siehe auch Maria Burger, 2011, 97–114. 451–463.

75. Meine Frage dazu: Was hätte Albert wohl zu den Wundern gesagt, die zu seiner Heiligsprechung nötig waren?

3.6 *Sacra disciplina* bei Thomas

Thomas spricht an mehreren Orten über das Verhältnis der Theologie zu den übrigen Wissenschaften. Ich stelle hier seine Stellungnahmen am Anfang des Sentenzenkommentars und der *Summa Theologiae* vor, eine kurze Bemerkung zum Metaphysikkommentar findet sich unten, p. 98.

Sentenzenkommentar

Thomas äussert sich ausführlich zur Frage des wissenschaftlichen Status der Theologie und ihrem Bezug auf die übrigen Wissenschaften in den fünf Artikeln der *Quaestio* 1 zum *Prooemium* des Sentenzenkommentars,[76] siehe oben, Tabelle 4.4.

> *Ad euidentiam huius sacre doctrine, que in hoc Libro traditur, queruntur quinque.*
>
> 1. *Primo de necessitate ipsius.*
> 2. *Secundo, supposito quod sit necessaria, an sit una, vel plures.*
> 3. *Tertio si sit una, an practica, vel speculativa; et si speculativa, utrum sapientia, vel scientia, vel intellectus.*
> 4. *Quarto de subiecto ipsius.*
> 5. *Quinto de modo.*

Im ersten Artikel beweist Thomas, dass es neben den philosophischen Disziplinen noch eine weitere geben muss. Als allgemein anerkannt wird vorausgesetzt, dass die *contemplatio Dei* das eigentliche Lebensziel des Menschen sei, das ist ein zeitgenössisches endoxon. Diese könne erreicht werden durch die Betrachtung der Geschöpfe; dieser Weg sei allerdings unvollkommen, da die Betrachtung der Geschöpfe nur unvollständig zur Einsicht in den Schöpfer führen könne, da dieser einen unendlichen Abstand von ihnen habe. Die unmittelbare *contemplatio Dei* könne nur erreicht werden durch die Betrachtung der Heiligen Schrift, da diese von der Inspiration Gottes direkt ausgegangen sei.

Artikel 2, Zur Einheitlichkeit bzw. Einzigkeit der *scientia divina*. Jede Wissenschaft kann nur von *einer* Gattung handeln, Schöpfer und Geschöpf bilden aber keine Gattung, oder höchstens analog, also kann die *scientia divina* nicht einheitlich sein. Zudem handelt sie nicht nur von den Geschöpfen sondern auch von den Tugenden, das stört die Einheitlichkeit der Wissenschaft. Diesen Bedenken hält Thomas entgegen, dass diese Wissenschaft vom *divinum lumen* ausgeht, und des-

76. Text nach Adriano Oliva. – Zur Wissenschaftlichkeit der Theologie historisch und systematisch aus neuscholastischer Sicht siehe Benedikt Paul Göcke, 2018.

halb eine Vielfalt von Themen erfassen könne. Zudem, Schöpfer und Geschöpfe hätten immerhin die Einheit der Analogie.

Artikel 3, Betrifft diese Wissenschaft das Handeln oder ist sie spekulativ? Als höchstes Wissen um seiner selbst willen kann diese Wissenschaft keine Ethik sein. Sie befasst sich auch mit anderem als den Handlungen, die von uns ausgehen, wie z. B. mit den Engeln und weiteren Geschöpfen. Sie genügt, den Menschen zur Vollkommenheit zu führen, weil sie vom *divinum lumen* geführt wird. Diese Wissenschaft hat ihre Erkenntnisse durch die unmittelbare Eingebung Gottes (*per inspirationem a Deo immediate acceptam*), die Metaphysik dagegen nur durch Schlüsse aus dem Verursachten, der Grad der Gewissheit der *scientia divina* ist also viel höher. Das Vertrauen in den Glauben gibt höhere Gewissheit als die Berufung auf die Prinzipien der Vernunft.

Artikel 4, Ist Gott Gegenstand dieser *scientia divina*? Sind es *res et signa*? Thomas bestimmt, dass Gegenstand dieser Wissenschaft das *ens divinum cognoscibile per inspirationem* ist.

Artikel 5, Methode. Die ehrwürdigste Wissenschaft muss die ehrwürdigste Methode haben, ihr *modus* muss *artificialissimus*, höchst technisch, sein. – Die Prinzipien dieser Wissenschaft sind durch die Offenbarung gegeben. Sie passen eigentlich nicht zur Situation der menschlichen Vernunft (*secundum statum viae*), denn diese muss ja vom sinnlich Gegebenen ausgehen; deshalb muss ihre Methode metaphorisch, symbolisch, parabolisch sein. Ihre Ziele sind: (i) Zerstörung des Irrtums – das geht nicht ohne Argumente.[77] (ii) Sie fördert auch die Sitten, sie gibt deshalb Vorschriften; (iii) sie soll auch zur Erkenntnis der Wahrheit in den Fragen der Heiligen Schrift führen, auch dafür bedarf es der Argumente. – Die Explikation der Schrift folgt also der Methode des vierfachen Schriftsinns: historisch, moralisch, für die Betrachtung der Wahrheit allegorisch, für das ewige Heil anagoisch. Zur Zerstörung des Irrtums ist nur der historische Sinn tauglich.

Summa, Quaestio 1

Mit den fünf Artikeln im Prolog des Sentenzenkommentars von Thomas sind die zehn Artikel der *Quaestio* 1 der *Summa Theologiae* zu vergleichen, in welchen Thomas folgende zehn Fragen beantwortet:

77. So argumentiert auch Albert, ... *Super I librum Sententiarum distinctiones 1–3*, ed. Burger p. 15, 59–16, 6.

Summa Theologiae, Quaestio 1, De sacra Doctrina, qualis sit, et ad quae se extendat

1. *Utrum sit necessarium, praeter philosophicas disciplinas aliam doctrinam haberi* (cf. Sent. 1.)
2. *Utrum sacra doctrina sit scientia*
3. *Utrum sacra doctrina sit una scientia* (cf. Sent. 2)
4. *Utrum sacra doctrina sit scientia practica* (cf. Sent. 3)
5. *Utrum sacra doctrina sit dignior aliis scientiis*
6. *Utrum haec doctrina sit sapientia* (cf. Sent. 3)
7. *Utrum Deus sit subiectum huius scientiae* (cf. Sent. 4)
8. *Utrum haec doctrina sit argumentativa* (cf. Sent. 5)
9. *Utrum sacra Scriptura debeat uti metaphoris*
10. *Utrum sacra Scriptura sub una littera habeat plures sensus*

Art. 1., Keine Wissenschaft kann von anderem als von Seiendem handeln; die Philosophie handelt aber schon von allem Seienden, also bedarf es neben der Philosophie keiner anderen Wissenschaft mehr. Dagegen ist zu sagen, dass die göttlich inspirierte heilige Schrift nicht in den Bereich der Philosophie gehören kann, da sie nicht der *ratio* untersteht, sondern ihr übergeordnet ist, also bedarf es sehr wohl neben der Philosophie einer Wissenschaft, der *sacra doctrina*, die sich mit dem befasst, was geoffenbart worden ist. Diese Art der Theologie unterscheidet sich also von der Theologie, die Teil der Philosophie ist.

Art 2., Ist die *sacra doctrina* eine Wissenschaft? Wissenschaft geht von an sich bekannten Prinzipien aus, die *sacra doctrina* jedoch nicht, also ist sie keine Wissenschaft. Eine Wissenschaft behandelt Allgemeines, nicht Einzelnes, was in der Heiligen Schrift Gegenstand ist (gemeint sind die einzelnen Ereignisse der Heilsgeschichte). Dazu: gewisse Wissenschaften gehen aus von Prinzipien, die durch das Licht der Vernunft erkannt werden können, gewisse Wissenschaften setzen Prinzipien übergeordneter Wissenschaften voraus (beispielsweise setzt die Musik Prinzipien der Mathematik voraus); so ist die *sacra doctrina* und ihre Prinzipien der natürlichen Vernunft übergeordnet, da sie auf von Gott geoffenbarten Wahrheiten beruht.

Art. 3., Zur Einheitlichkeit der *sacra doctrina*. Eine Wissenschaft kann nur von numerisch einer Gattung handeln, Schöpfer und Geschöpf bilden aber keine Gattung, also ist sie keine Wissenschaft. Auch, wenn sie von Engeln, körperlichen Dingen und von Sitten handeln soll, fehlt ihr die Einheit. Dagegen: es ist nicht nur die gegenständliche Einheit zu betrachten, sondern die *ratio formalis obiecti*, der formale Begriff des Gegenstandes; die *sacra doctrina* behandelt nun alles, insofern es von Gott her geoffenbart worden ist, so hat sie durch die formale Hinsicht auf die Gegenstände eine Einheit.

Art. 4., Ist die *sacra doctrina* eine Ethik? Auch die *sacra doctrina* soll das Handeln lenken, also ist sie Ethik. Sie handelt von der *lex vetus et nova*, Gesetze des Handelns gehören in die Ethik. Dagegen: Ethik bezieht sich auf das, was der Mensch ausführen kann, die *sacra doctrina* dagegen handelt grundsätzlich von Gott; insofern ist sie spekulativ; sie ist aber auch ethisch, weil sie ein Wissen von Gott erzeugt, das zur ewigen Seligkeit führt.

Art. 5., Andere Wissenschaften beruhen auf Prinzipien, die unbezweifelbar sind, die *sacra doctrina* beruht auf dem Glauben, der Zweifel zulässt, so scheint die *sacra doctrina* weniger würdig zu sein als andere Wissenschaften. Dagegen: die anderen Wissenschaften beziehen ihre Gewissheit nur aus der menschlichen Vernunft, diese aber von der göttlichen Erleuchtung, ist also höher im Rang. Auch ihr Ziel, die ewige Seligkeit, ist höher als das der Ethik, die nur das irdische Handeln regelt.

Art. 6., Die *sacra doctrina* ist keine *sapientia*, weil sie ihre Prinzipien anderswoher bezieht. Die *sapienta* entsteht durch Eingebung des Heiligen Geistes, die *sacra doctrina* aber durch Studium. Dagegen: *sapiens* ist jener, der den obersten Grund in seinem Gebiet erforscht. Wer also den höchsten Grund überhaupt, Gott, untersucht, ist der höchste Weise.

Art. 7., Ist Gott der Gegenstand dieser Wissenschaft? Eine Wissenschaft muss das *quid est*, das Wesen seines Gegenstandes kennen, von Gott können wir aber das Wesen nicht sagen. Jedoch, Gegenstand einer Wissenschaft ist das, wovon sie handelt, und das ist eben Gott. Auch alles sonst, was sie noch betrachtet, betrachtet sie unter dem Aspekt Gottes.

Art. 8., Gebraucht die *sacra doctrina* Argumente? Ein Argument stammt von einer Autorität, diese ist aber nicht viel wert, oder aus der Überlegung, die ist menschlich begrenzt. Die *sacra doctrina* sucht nicht ihre Prinzipien, sondern geht von ihnen aus, um zu argumentieren. Der Glaube stützt sich auf die untrügliche Wahrheit. Die *sacra doctrina* geht argumentativ von einer Glaubenswahrheit zur anderen vor. Dabei benutzt sie auch den menschlichen Verstand, allerdings nicht dazu, um den Glauben zu beweisen; die Gnade hebt die Natur ja nicht auf, sondern macht sie vollkommener.

Art. 9., Gebraucht die Heilige Schrift Metaphern? Uneigentliche Rede gehört zu Dichtung, die an der untersten Stelle steht, das passt nicht zur höchsten Form der Wissenschaft. Dagegen: es passt sehr wohl zur Heiligen Schrift, Göttliches unter Benutzung von Bildern zu erzählen, denn es ist für den Menschen nur natürlich, über Sinnliches zu Geistigem zu gelangen. Die Dichtung benutzt Bilder um der Darstellung willen, die Heilige Schrift hingegen aus Notwendigkeit und Nützlichkeit.

Art. 10., Mehrfacher Schriftsinn. Eine Vielfalt des Sinns würde zur Verwirrung beitragen und die Strenge der Argumentation beeinträchtigen, die Heilige Schrift sollte aber klar und deutlich sein. Dagegen: Autor der Heiligen Schrift ist Gott, der nicht nur den Worten, sondern auch den Dingen verschiedene Bedeutungen geben kann. Die Worte bedeuten die Dinge, das ist der erste Sinn, *sensus historicus vel litteralis*, auf diesem baut der *sensus spiritualis* auf. Der allegorische Sinn vermittelt die Hinweise im Alten Testament auf das Neue; Hinweise auf die selige Zukunft gehören zum anagogisch Sinn. Nicht einfach die Worte bedeuten Verschiedenes, sondern die Dinge selbst können Zeichen für andere Dinge sein. Da alle anderen Weisen der Auslegung im wörtlichen Sinn begründet sind, entsteht keine Verwirrung (siehe aber die Bemerkung unten, p. 77).

KAPITEL 4

Ziel des Metaphysikkommentars bei Albert und bei Thomas

4.1 Albert

4.1.1 Peripatetiker erklären; Beweis; Methode

Peripatetiker erklären

Sehr oft betont Albert in seinem Metaphysik-Kommentar – nicht nur im Kommentar zu Λ – er habe nichts anderes vor, als Aristoteles bzw. die Meinung der Peripatetiker vorzustellen, das Gesagte sei nicht seine eigene Meinung, jeder solle selbst beurteilen, was ihm wahr scheine. Ich fasse die wichtigsten Stellen aus dem Kommentar zu Λ in der Tabelle 4.1 zusammen.

Tabelle 4.1 Albert: „Ich erkläre nur Peripatetiker"

I, 9	Ende: *Haec autem omnia dicta sunt secundum opinionem Peripateticorum, quia nec in his nec in aliis in hac via philosophiae dicimus aliquid ex proprio, quia propriam intentionem, quam in philosophia habemus, non hic suscepimus explanare.*
II, 1	Anfang: *sed tantum declarabimus opinionem Peripateticurum de istis substantiis,...*
II, 3	Ende: *Sed ad veritatem huius investigandam oportet intendere circa Timaeum Platonis, et hoc non est praesentis negotii, in quo non suscepimus nisi Peripateticorum positiones exponere.*
II, 21	Ende: *Et de hac non est loquendum in philosophia Peripateticorum, ...*
II, 30	Ende (Text siehe unten)
II, 35	nur inhaltlich, ohne Namen
II, 39	wie II, 35
III, 7	Ende: *Sed sicut nos iam in antehabitis protestati sumus, nos istas positiones non prosequimur, quia non suscepimus in hoc negotio explanare nisi viam Peripateticorum. –*

In *Tractatus secundus, Cap.* 30, betont Albert, nichts den Worten des Aristoteles hinzugefügt zu haben als seine Erläuterung:

> *Sic igitur de intellectu substantiarum separatarum secundum Aristotelem sit determinatum. Suis enim verbis nihil penitus addidimus nisi explanationem.*

Ähnlich äussert er sich auch am Ende des Kommentars zum *Liber de Causis.*[78] Trotzdem ist an vielen Stellen nicht klar, ob das Gesagte nicht doch seiner Meinung entspricht, vor allem in Bezug auf die *prima substantia* oder den *primus motor*, wo das nicht Zitate aus der Übersetzungsvorlage sind. Auch in der Verwendung von *diximus* ist nicht an allen Stellen eindeutig, ob er nun doch sich selbst meint, oder ob er nur die Peripatetiker / Aristoteles zitiert. Jedenfalls zitiert er als Grundlage seiner Überlegungen parallel zu Aristotelestexten auch eigene Schriften, z. B. *De Intellectu et Intelligibili* in *Tractatus primus, Cap.* 9, zu 1070a12–20.

Am Ende von *Tractatus secundus, Cap.* 17, schreibt Albert:

> *Sed bene concedendum est, quod est unum solum, et hoc est proximum actui primo et puro, et hoc est corpus non nisi in potentia ad ubi existens, et motor illius est substantia prima secundum Peripateticos, sicut diximus. Et ideo etiam illud animal esse dixerunt, et bene potest esse, quod erraverunt in hoc, tamen sic dicunt, et haec quam diximus, est ratio ipsorum.*

Hier scheint Albert einen klaren Unterschied zu machen zwischen dem ‚ersten und reinen Akt', der mit Gott identifiziert werden kann und dem ersten Beweger, der den Fixsternhimmel bewegt, welcher *substantia prima secundum Peripateticos* ist. Damit scheint Albert sich von diesen zu distanzieren und eben nur den reinen Akt erste Substanz nennen. Oft ist der *primus motor* der Beweger der Fixsternsphäre. Doch manchmal, wenn er auf diesen die Attribute des christlichen Gottes anwendet, wenn er ihn als z. B. *actus purus* oder *separata substantia* bezeichnet, ist es schwer zu glauben, Albert meine nur diesen. Die relevanten Eigenschaften der *prima substantia* sind in Tabelle 2.1 aufgelistet. Wenn Albert bei den Gestirnen von *motores* spricht, ist es einfacher, dann sind die Gestirnsgötter gemeint oder die Seelen und Intelligenzen, mit denen Albert jene ersetzt. Sehr klar ist auch die schon oben, p. 52, genannte Stelle am Ende des Kommentars zu Λ. Albert sagt nochmals ausdrücklich, es gehe nur um das Referat, nicht um seine eigene Meinung. Hier findet sich auch der Hinweis auf den Unterschied zwischen Philosopie und Theologie; man dürfe beide nicht vermischen, da die Theologie sich auf *revelatio* und *inspiratio* stütze, die Philosophie dagegen auf die *ratio.*

Beweise

Im Metaphysikkommentar Alberts erscheinen im Ganzen verbale und nominale Formen zu *demonstra-* 407 mal, solche zu *proba-* 411 mal. Dazu kommen 298 Verwendungen von *ostend-* und 109 von *ostens-*. Formen mit *quaer-* und *quaest-* erscheinen noch öfter, doch bezeichnen sie nur Fragen, die sich aus der Methode

78. Albertus Magnus, *De causis et processu uniuersitatis a prima causa*, ed. W. Fauser (Ed. Colon. 17,2), Münster 1993, 192, 7–11.

der *Quaestiones disputatae* ergeben, es sind Vorbereitungen oder Ausgangspunkte der dann folgenden Argumentation *pro* und *contra*. Die Fragen sind rhetorische, sie dienen als Anknüpfungspunkte für Beweise.

In *Tractatus primus, Cap.* 3., in dem Teil, der 1069b1 bespricht, unterscheidet Albert die *demonstratio propter quid* von der *demonstratio quia*.[79] Thomas sagt in *Summa theol.* I, qu.2a2, Folgendes zu diesem Unterschied:

> *Respondeo ... duplex est demonstratio. Una est* ***per causam****, et dicitur propter quid; et haec est per per priora simpliciter. Alia est* ***per effectum****, et dicitur demonstratio quia: et haec est per ea quae sunt priora quoad nos.*

Es handelt sich also um den Unterschied des Beweises aus den Gründen und dem Beweis aus der Wirkung. Der Schluss von der Wirkung auf die Ursache ist aber sehr schwach und problematisch. Schon der Zusammenhang von Ursache und Wirkung ist nicht immer eindeutig darzustellen. Sehr vieles kann von sehr verschiedenem die Ursache sein; was letztlich wirklich die Ursache einer bestimmten konkreten Wirkung war, kann nur *a posteriori*, in Nachhinein und empirisch erfasst werden.[80] Noch viel weniger zuverlässig ist der Schluss von der Wirkung auf die Ursache. Ein solcher Schluss setzt einen starren und bekannten Zusammenhang von Ursache und Wirkung voraus; dieser Zusammenhang ist aber in der Regel nicht gegeben.

Der hier gepflegte Typ von Philosophie ist der des behauptenden Denkens. Es müssen Gründe gefunden werden, die es erlauben, gewisse Behauptungen aufzustellen. Ein solches Denken unterscheidet sich vom bloss analysierenden, bloss reflektierenden, bloss fragenden Denken.

Methode: Zweite Analytiken

Gabriele Galluzzo und Luca Gili legen dar, dass und wie Thomas in seiner Darstellung der Methode der *Analytica posteriora* folgt, da sie denken, auch Aristoteles folge generell dieser Methode.[81] Die von Aristoteles in den *Analytiken* vorgestellte Methode ist allerdings nur entweder zur Deduktion aus bekannten Prinzipien oder zur Darstellung von schon vorhandenem Wissen tauglich. Um dergleichen handelt es sich bei dem, wonach in der *Metaphysik* gefragt wird, gerade nicht. Wenn jedoch die *Metaphysik* als eine einheitlich konzipierte Lehre mit bekannten Resultaten verstanden wird, dann ist dieses Vorgehen berechtigt.

---

79. Meint *propter quid* das διὰ τί oder τὸ διότι, und *quia* das τὸ ὅτι?

80. Die moderne Naturwissenschaft will sich dadurch auszeichnen, dass sie voraussagen kann; das trifft in einigen Fällen auch zu, in vielen aber auch nicht. Die Gesetze, auf Grund von welchen dies möglich ist, haben ihrerseits wieder einen empirischen Anfangspunkt.

81. Luca Gili, 2015, 185–218; Gabriele Galluzzo, 2014, 209–254.

Erst in unserer Zeit, unter anderen hermeneutischen Bedingungen, können wir alternativ dazu sagen, dass die *Metaphysik* in topischer Einstellung gelesen werden muss, da sie in dieser auch verfasst worden ist.

Albert und Thomas mussten jedoch den Vorgaben ihrer Welt folgen. Peter Schulthess versucht in seiner Darstellung des mittelalterlichen Philosophiebegriffs im *Grundriss, Mittelalter* 4, § 1, die sonst etwa behauptete oder stillschweigend vorausgesetzte Einheit dieses Begriffs im Mittelalter in eine Vielfalt von Usanzen und Praktiken aufzulösen. Das ist sehr gut gesagt gegen die unüberlegte Vereinheitlichung einer langen und vielfältigen Epoche.[82] Sieht man jedoch auf die Hintergründe und Voraussetzungen dieser vielfältigen, manchmal sogar individuellen Vorstellungen von Philosophie, zeigt sich doch wieder eine grössere Einheit. Es scheint kaum bestreitbar zu sein, dass es für Albert und Thomas, und mit ihnen für viele andere, einige Überzeugungen gab – sowohl hinsichtlich des sachlich Gegebenen als auch hinsichtlich der Art und Weise zu denken und das Gedachte darzustellen –, die grundlegend und allgemein waren.

Zum sachlich Gegebenen gehört die Überzeugung, dass Gott und seine Schöpfung alles ist, wovon überhaupt die Rede sein kann. Aus der Relation Schöpfer – Geschöpf ergibt sich eine Hierarchie, der Anfang für ein System; zudem ist auch das Geschaffene hierarchisch gegliedert, man denke beispielsweise an die Vorstellung der „Krone der Schöpfung" und an die Theorie der Seinsstufen. Daraus folgt ein legitimes systematisches Interesse. Wir haben oben, p. 35, Beispiele gesehen, die zeigten, dass Albert und Thomas, weil sie systematisch vorgehen wollen, von Aristoteles' Vorgehen abweichen, nämlich da, wo Albert im zweiten Traktat, Kapitel 25 *Digressio declarans numerum motorum ex propriis primae philosophiae et per rationem* die Anzahl der unbewegt bewegenden Intellekte *per rationem* herleitet, oder, wo Thomas im Kommentar zu *Metaphysik.* V, *Lectio* 9 die Kategorien deduziert. Dazu gehört natürlich auch die Absicht von Albert, das Gesamtwerk des Aristoteles zu rekonstruieren.

Was die formale Seite betrifft, die dann allerdings mehr als nur die Philosophie umfasst, zitiert Peter Schulthess Gangolf Schrimpf:[83]

> «Philosophia» steht also «für den Inbegriff jener formalen Regeln und Gesetze, ohne deren Beachtung eine Wahrheitsbehauptung niemals die Form einer allgemein anerkennbaren und damit objektiv gültigen Aussage annehmen kann»
> (Schrimpf, *Philosophi*, ... 1982, 721f.)

82. Auf die „vielgestaltige Denkarbeit" in der Zeit der Scholastik hat schon Baumgartner, in: Geyer – Baumgartner, 1967, 143, hingewiesen.

83. Gangolf Schrimpf, in: *Studi medievali* 23 (1982) 697–727; ähnliche Überlegungen hat Gangolf Schrimpf, in seinem Buch 1982 vorgetragen.

Dieser Begriff von Philosophie führt zu grosser und systematischer Einheit, da sie als Ziel objektiv gültige Aussagen hat. Hinter diesem Ziel steckt dann der Aristoteles zugeschriebene und für das Christentum so nötige Realismus. Als allgemeiner Begriff von Philosophie taugt er vielleicht wenig, da er sich auf die formale Seite beschränkt, und als Ziel nur begründete Behauptungen angibt. Die Philosophie hat aber, bei Aristoteles, im Mittelalter und auch heute, auch starke inhaltliche Interessen, und von Aristoteles könnten wir lernen, dass das Fragen wichtiger ist als das Behaupten.

4.1.2 Systematische Gesamtsicht als erklärtes Ziel bei Albert

Die Kommentare zum *Corpus Aristotelicum* waren in der Regel zu Unterrichtszwecken verfasst, sie dienten als Grundlage von Vorlesungen und Übungen in der Artistenfakultät. Das scheint für Alberts Metaphysik-Kommentar zu gelten, nicht jedoch für den von Thomas, dazu unten gleich mehr.

In der Einleitung zum Kommentar zur *Physik* stellt Albert sein Gesamtprojekt vor. Er wolle, den neu bekannt gewordenen Büchern von Aristoteles folgend, das ganze Gedankengut des Aristoteles vorstellen, und, wo etwas nach systematischem Gesichtspunkt fehle, es ergänzen. Dort stellt er auch das System des Wissens auf: An erster Stelle steht das Wissen über das *ens*, weil dies das Allgemeinste ist; die Wissenschaft, die das tut, betrachtet das Seiende als Seiendes, nicht als dieses und jenes; so wird sie *philosophia prima* oder *metaphysica* oder *theologia* genannt. An zweiter Stelle steht die Mathematik, sie schliesst Bewegung und wahrnehmbare Materie mit ein, aber nur *secundum esse*, nicht *secundum rationem*, dem Dasein, nicht dem Begriff nach.[84] Die letzte Wissenschaft ist die Physik, welche sowohl *secundum esse* als auch *secundum rationem* Bewegung und wahrnehmbare Materie einschliesst.

In der ersten Wissenschaft, der Metaphysik, soll der Nachweis erbracht werden, dass es eine *prima substantia* gibt, und, was und wie diese sei. Albert will zeigen, dass der Reihe nach die *substantia insensibilis immobilis separata* die *substantia sensibilis incorruptibilis sed mobilis* begründe und diese die *substantia sensibilis corruptibilis*. Im Kommentar zu *Metaphysik* 1069a30 schreibt Albert:

---

84. Im Physikkommentar, ed. Borgnet (1890), p. 2a schreibt Albert: *Secunda autem in eodem ordine rei est mathematica, quae quidem concipitur cum motu et materia sensibili secundum esse, sed non secundum rationem.* Es ist mir nicht klar, wie Albert das meint, umgekehrt wäre es mir verständlicher; man kann sagen, dass die Mathematik die Körper hinsichtlich Zahl oder Form behandle, ohne auf deren Materie und Dasein (*esse*) Rücksicht zu nehmen; offenbar meint Albert etwas anders.

Ostendemus enim, quae est immobilis et separata et qualiter ipsa est principium mobilis substantiae et incorruptibilis, et ostendemus, qualiter immobilis separata per motum sensibilis incorruptibilis est principium substantiae sensibilis et mobilis et corruptibilis. (Geyer, 462, 32)

Das Ziel der ganzen Untersuchung sei, heisst es im Abschnitt dieses Kapitels, der sich auf 1069a33 bezieht, die eben besprochene prinzipielle Abhängigkeit oder Folge der Substanzen nachzuweisen.

Et in hoc erit huius operis quod sapientia vocatur, finis et complementum, ... (Geyer, 462, 37)

Er wolle nachweisen, dass aus eben dieser ersten Substanz als dem „formalen Ersten und dem letzten Ziel,"

a primo formali et ultimo fine (Geyer 462, 56)

alle übrigen Substanzen fliessen (*fluunt*), wie es kurz darauf im Text zu 1069b1 heisst. Der Nachweis, dass die *substantia immobilis separata* das Prinzip von allem ist, ist also das letzte Ziel des Kommentars. Sowohl dem Inhalt als auch der Metaphorik nach ist es ein neuplatonisches Ziel.

Das zweite Kapitel des *Tractatus secundus* im Kommentar zu Λ (= *Liber undecimus*, weil Buch K noch fehlte) hat es schon im Titel, dass diese Substanz *actus purus* sei, dies ist wohl die deutlichste und eindeutigste Kennzeichnung Gottes im philosophischen mittelalterlichen Gottesverständnis:

TR II, *Cap.* 2. *Quod haec substantia est actus purus, in quo nihil est admixtum de potentia.*

In diesem Kapitel wird jene Stelle im Λ kommentiert, die Alberts – und des Mittelalters – Charakterisierung Gottes als *actus purus* rechtfertigen soll:

1071b19–20 Δεῖ ἄρα εἶναι ἀρχὴν τοιαύτην ἧς ἡ οὐσία ἐνέργεια.
Oportet igitur esse principium tale cuius substantia actus.

Daraus entnimmt Albert, dass das erste Bewegende *per essentiam* bewege, nicht nur *secundum habitum*, sondern *secundum actum*. Im Kommentar zu 1072b3 ergibt sich, dass es als *desideratum* bewegt. In der *Digressio* II, *Cap.* 8, kommt hinzu, dass diese göttliche Substanz ihre Existenz aus sich selbst und in keiner Weise in einem Grund ausserhalb ihrer habe:

Et sic sola substantia divina prima est res per se existens, quia sola ipsa penitus nullam habet causam in esse.

In *Tractatus* II, *Cap*. 3. fügt Albert die Allgegenwart und Ewigkeit der ersten Substanz hinzu:

> *Qualiter prima substantia est immaterialis et ubique et semper ...*

Damit ist Metaphysikkommentar, liber II, Tractatus II, Cap. 4, 486, 9–11 (ed. Geyer, 1960) zu vergleichen, wo diese Bestimmungen dem Intellekt als solchem zugeschrieben werden: *Omnis enim intellectus, secundum quod intellectus est, immobilis est penitus et ubique et semper*; in Aristoteles' *Metaphysik* werden Allgegenwart und Ewigkeit nicht als Eigenschaften des des Nous aufgeführt.

Schliesslich finden wir auch das Merkmkal der Güte, *bonitas*, als eine zentrale Eigenschaft der *prima substantia*, an vielen Stellen dieses zweiten Traktates des Kommentars behandelt, siehe Tabelle 2.3. Schon in II 2, zu 1071b20, spricht Albert davon, dass die erste Substanz ihre Güte mitteile und von einem verschwenderischen Verteile der Güte; aber auch in den Kapiteln 7 und 8 (Ende), weiter in 9 (zu1072b1, 1072b3 und b9) und 20 spielt die Güte eine systematische Rolle – *accipit inferior a superiore bonitatem et lumen* – Prinzipien des *Liber de Causis* folgend. Dieses Merkmal ist für den christlichen Gott ebenfalls grundlegend. All dies zusammengenommen lässt eigentlich keinen Zweifel mehr daran, dass die erste Substanz identisch mit dem christlichen Gott ist.

Auf Grund seiner häufigen Beteuerungen, nichts anderes als peripatetisches Gedankengut vorzustellen und erläutern zu wollen, muss man aber annehmen, dass Albert dachte, dass eben all dies schon in den Texten des Aristoteles intendiert war. Und das nicht als Irrtum, sondern als korrektes Ergebnis der Voraussetzungen der Welt in der er lebte, und eine Nachwirkung der Integration des *Liber de Causis* und der Schriften des Dionysios Areopagita in das aristotelische Gedankengut. Dafür, dass diese Sicht bis heute geblieben ist und die theologische Interpretation von *Metaphysik* Λ unterstützt, dafür kann Albert gar nichts, die heutigen Leser könnten es besser wissen, da sich die Bedingungen, unter denen wir heute die Texte von Aristoteles lesen und verstehen können, grundlegend geändert haben.

Ich greife zurück auf das Einleitungskapitel des Kommentars zur *Metaphysik* von Albert (siehe oben, 3.4). Ähnlich wie es später Thomas in der Einleitung seines Metaphysik-Kommentars tut, begründet Albert die primäre Stellung der vorzustellenden Wissenshaft im Wissen überhaupt und ihre Würde, indem er ihren Gegenstand und ihre Zielsetzung darstellt. Diese Wissenschaft handle von dem, was am meisten göttlich sei (Geyer, 2, 16, Text oben, p. 47; Aristoteles, *Met.* A 2, 983a5), und das Wissen um das Göttliche begründe sogar das Wissen des Quadriviums, der Mathematik und der Physik, weil es das Wissen um den ersten Grund zum Inhalt habe (Geyer, 2, 24, Text oben, p. 47). Da diese Wissenschaft das Wissen um die Natur begründe, heisse sie zu Recht *transphysica*; ihre Prinzipien übersteigen alles, was physisch ist oder heisst; sie werde aber auch *divina* < *scientia* > genannt, weil ihre Gegenstände göttlich, die besten und ersten seien; das Sein (*esse*), das sie betrachte, sei nicht das Sein in dem engen Sinne von diesem oder jenem (z. B. das Sein dieses Tisches oder dieses Hauses), sondern das Sein als der erste „Ausfluss Gottes“ und das „erste Geschaffene“ (Hervorhebungen E. S.):

> ***Esse** enim, quod haec scientia considerat, non accipitur contractum ad hoc vel illud, sed potius prout est **prima effluxio dei et creatum primum**, ante quod non est creatum aliud.* (Geyer, 3, 1–4)

Kurz darauf (4.52, Geyer) erklärt Albert das Seiende als Seiendes zum Gegenstand der Metaphysik, siehe p. 48.[85] Für uns sind diese zwei Formulierungen des Gegenstandes der Metaphysik nicht unmittelbar gleichbedeutend, für Albert müssen sie aber lediglich zwei unterschiedliche Hinsichten auf dasselbe Ziel sein.

Die Probleme dieser Stelle sind teils inhaltlicher teils formaler Art. Ich beginne mit den Formulierungsfragen.

I. *In welcher Formulierung muss der Satz genommen werden?*

1. Albert gibt zwei Bestimmungen des Gegenstandes der *divina scientia*: 1. das Sein als erster Ausfluss Gottes und erstes Geschaffenes; 2. das Seiende als solches.
2. Die erste Bestimmung wird in zwei Formen gegeben: 1a) *esse* als *prima effluxio dei et creatum primum* 1b) *ens* als *creatum primum.*[86]

---

85. Auch Philipp Merlan und J. Owens haben das Thema ‚Seiende als Seiendes‘ im theologischen Sinne verstanden. Siehe E. Sonderegger, 28. 03. 2020, p. 116, herunterzuladen bei philpapers.org.

86. Mit dem Partizip statt des Infinitivs verwendet Albert denselben Satz auch anderswo, beispielsweise in der *Summa theologiae*, TR VI, Quaestio 26, Cap. 1, (Siedler 176, 17–25). – Eine ‚vorläufige‘ Liste mit 25 Stellen aus verschiedenen Schriften Alberts findet sich in: Henryk Anzulewicz, „Creatum primum …, 2021, Anhang. An vielen Stellen greift Albert das *esse* des Zitats nachher mit *ens* auf; wichtig für den nächsten Punkt. –An der betreffenden Stelle will Albert den Sinn von *bonum* bestimmen. Zunächst zitiert Albert Boethius, der das Gute von seiner *causa efficiens* her bestimme. Diese Bestimmung ist für Albert gleichbedeutend mit der Bestimmung des *esse*, die der *Philosophus* (gemeint ist Aristoteles, faktisch ist es der *Liber de Causis*) gebe, was unpassend sei, da die *intentio*, der Begriff des Seienden und des Guten sich unterscheiden, insofern das *ens* durch Schöpfung entstehe, das Gute aber durch Formgebung:

> *Adhuc, BOETHIUS in libro DE HEBDOMADIBUS determinans bonum dicit, quod “bonum est, quod est a bono,” et sic determinat bonum ex causa efficiente. Hoc autem, ut dicit PHILOSOPHUS in LIBRO DE CAUSIS, determinatio entis est; dicit enim determinans esse, quod “ens est creatum primum, et non est ante ipsum creatum aliud”; et sic videtur eadem esse determinatio boni et entis, quod est inconveniens, cum alia sit intentio entis et alia boni, et, sicut dicit PHILOSOPHUS in Libro de Causis, ens fit per creationem, bonum autem per informationem.*

3. *esse* und *ens* scheinen manchmal vertauschbar, an gewissen Stellen unterscheidet sie aber Albert ausdrücklich.[87]
4. Der *Liber de Causis* hat an der entsprechenden Stelle *esse*.[88]
5. Proklos hat an der entsprechenden Stelle τὸ ὄν.[89]
6. Das *creatum* hat bei Proklos keine Entsprechung, weder inhaltlich noch lexikalisch, es steht an der Stellen von τῶν μετεχόντων τῆς θείας ἰδιότητος καὶ ἐκθεουμένων, „von dem, was an der göttlichen Eigenheit teilhat und < so > vergöttlicht ist" (μετέχοντα ist nach Proklos § 24 das viele Bestimmte)

Daraus folgt für mich, dass der Infinitiv massgeblich ist, das Partizip führt leichter zur Vergegenständlichung, der Infinitiv führt eher zur spekulativen Frage. Die von Anzulewicz zitierte Stelle *De Causis et Processu*, liber II, Tractatus I, Caput XVII (ed. Borgnet X, 461–462) bestätigt die Wahl. Alles, was wird, wird aus einem vorweg Daseienden durch Formbestimmung, nur das Erste nicht, dieses ist aus Nichts erschaffen, und als das Allgemeinste ist es das Sein, *relinquitur ergo quod esse sit primum creatum* (Borgnet, 462). Nur das *esse*, nicht das *ens* oder die *entitas* sind der erste Ausfluss, der erste Hervorgang aus dem Ersten.

II. *Was bedeutet der Satz?*

Was „*sein* ist das erste Geschaffene" bedeutet, ist Gegenstand umfangreicher Diskussion.[90] Eine der neueren Stellungnahmen zur Frage stammt von Maria Evelina Malgieri im eben erwähnten Sammelband. Sie sieht zwei Hauptlinien der Interpretation des Satzes, einerseits, dass *sein* nur ein *mental concept* sei, andererseits,

87. Albert unterscheidet *sein* und *Seiendes*, ed. Borgnet, X, 462:

> *Esse autem vocatur non ens vel entitas.*

Ausführlich zur Frage, wie Albert *esse* und *ens* unterscheidet, äussert Henryk Anzulewicz in seinem Tagungsbeitrag 2021: Albert versuche, das neuplatonische Verständnis von Sein mit dem aristotelischen Verständnis des Seienden zu verbinden.

88. *Liber de Causis*, Kapitel 4, § 37:

> *Prima rerum creatarum est esse et non est ante ipsum creatum aliud*

89. *Stoicheiosis Theologike* des Proklos, § 138:

> Πάντων τῶν μετεχόντων τῆς θείας ἰδιότητος καὶ ἐκθεουμένων πρώτιστόν ἐστι καὶ ἀκρότατον τὸ ὄν.

90. Der Satz selbst war Gegenstand eines von Dragos Calma (University College Dublin) and Maria Evelina Malgieri (Università di Torino) organisierten Kongresses Anfang November 2021. Sowohl in der Literatur zu Proklos, als auch zum *Liber de Causis* und zu Albert wird er oft behandelt, einer der letzten Beiträge findet sich im von Dragos Calma herausgegebenen Sammelband 2019.

dass damit das erste Ding der Schöpfung, eine *separate intellectual substance* gemeint sei; die erste Version werde von Albert vertreten, die zweite von Thomas.[91] In dieser Form kann die These allerdings bezweifelt werden, vermutlich wollte Malgieri die Sache zu Darstellungszwecken vereinfachen. Gewiss gewinnt Albert den primären Status von *esse* durch Abstraktion, es ist jener Begriff, der von allen anderen vorausgesetzt wird, selbst aber keinen anderen voraussetzt. Trotzdem kann Albert das sachlich aus der Abstraktion Gewonnene meinen, nicht den blossen Begriff.

Albert bezeichnet zwar *esse* als einen einfachen Begriff:[92]

> *esse enim simplex conceptus mentis est ...*

und deshalb sei es der allgemeinste Begriff:[93]

> *Est igitur esse creatum primum unum, simplex, universale latissimae universalitatis,*

aber mit dem *esse* als *primum creatum* will er den einfachen Hervorgang (*processus*) aus dem Ersten bezeichnen. Er nennt deshalb *esse* einen *actus entis*, d. h. einen Seins-Vollzug, beispielsweise im *Liber de Causis et Processu Universitatis*, (ed. Borgnet, Vol. X, Liber 2. TR 5. Cap. 12, p. 604a):

> *esse enim est simplex actus et purus, nihil habens admixtum de non esse.*

Es könnte sein, dass die These „*sein* ist das erste Geschaffene" weniger ein geschichtlich, naturwissenschaftlich oder auch theologisch fassbares erstes Ereignis bezeichnet als vielmehr von jenem *sein* spricht, das für jedes Seiende, sobald es ist, die Grundlage aller weiteren Bestimmungen ist, sozusagen das erste ὑποκείμενον, mit Aristoteles zu sprechen. Es ist zwar naheliegend, die Vorgänge der Schöpfung zeitlich gestaffelt zu betrachten (mustergültig das Sieben-Tage-Werk der *Genesis*), es entspricht auch der realistischen Sicht. Es kann dem Verständnis helfen, eine Struktur zeitlich entfaltet darzustellen. Doch wenn diese Darstellung wörtlich genommen wird – Gott erschafft zuerst das Sein, mit nichts sonst (als ein Sein von Nichts?), dann setzt er Intelligenzen und weiteres drauf – wird das reichlich primitiv. Nicht einmal der Bericht der *Genesis* ist so simpel gemeint. Es könnte sein, dass Albert in diesen Dingen raffinierter dachte. Das *primum* könnte dann einen nicht zeitlichen, sondern systematischen oder struktu-

91. Mit Hinweis auf *De causis et processu universitatis a prima causa*, lib. II, t. 1, c. 17; siehe Malgieri, p. 213.

92. Siehe Anmerkung 35 im Beitrag von Anzulewicz, in: Albertus Magnus, *De causis et processu universitatis*, 2006; ed. Fauser, lib. II, tr. 1, c. 17, p. 81, l. 24–27, l. 48–52; = ed. Borgnet, X, 461.

93. *De causis et processu universitatis*, lib. 2, tr. 1, c. 18 (in fine), ed. Borgnet, X, 465.

rellen Sinn haben. Das Sein ist das systematisch Erste, nicht das temporal Erste dafür, dass etwas ein Haus, ein Baum, ein Hund ist, ist das Sein als Grundlage weiterer Bestimmungen. Es hat deshalb grösste Allgemeinheit. Was auch immer etwas ist, das Erste dieses Etwas ist, dass es *ist* (nicht identischt mit ‚existiert'). Natürlich unterstelle ich das nicht Albert selbst, aber das wäre ein möglicher heute noch nachvollziehbarer Sinn. Man könnte vielleicht das *esse*, von dem Albert spricht, als das verstehen, wovon die *creatio continua* die Metapher wäre.

Zu § 138[94] der *Stoicheiosis Theologike* habe ich mich in meinem Kommentar zu diesem Buch geäussert; es geht an dieser Stelle um die Rangordnung des Teilhabenden, die sich dadurch ergibt, dass das Teilhabende an der Henade unmittelbar oder nur vermittelt teilhat.[95]

Warum der *Liber de Causis* τὸ ὄν mit *esse* übersetzt, kann ich nicht sagen, vielleicht hat es mit der arabischen Zwischenstufe zu tun, die ich nicht kenne. Hingegen ist klar, dass der Ersatz der μέθεξις durch *creatio* eine christlich motivierte Veränderung ist. Der ganze *Liber de Causis* soll dazu dienen, christlich Geglaubtes und neuplatonische Gedachtes durch Aristotelische Texte zu begründen.

Auf die Bezüge von Thomas auf den Satz *esse est creatum primum* möchte ich nicht weiter eingehen, jedenfalls kennt er ihn nur schon deshalb, weil er einen Kommentar dazu verfasst hat, und auch sein Inhalt wird von ihm positiv aufgenommen, beispielsweise im *Sentenzenkommentar, Liber* I, *Distinctio* 8, *Quaestio* 1, *Articulus* 2, *Responsio*, wo er sagt, dass alles geschaffene Sein vom göttlichen Sein ausfliesse:

> *Unde est tertius modus causae agentis analogice. Unde patet quod divinum esse producit esse creaturae in similitudine sui imperfecta: et ideo esse divinum dicitur esse omnium rerum, a quo omne esse creatum effective et exemplariter manat.*

94. Πάντων τῶν μετεχόντων τῆς θείας ἰδιότητος καὶ ἐκθεουμένων πρώτιστόν ἐστι καὶ ἀκρότατον τὸ ὄν. „Von allem an der göttlichen Eigenheit Teilhabenden < : Pl. > und Vergöttlichten ist das Seiende das Allererste und Höchste."

95. Siehe E. Sonderegger, 2004, 247–248; jetzt bitte die überarbeitete Fassung des Problos-Buches verwenden, bei philpapers.org herunterzuladen: *Proklos, Stoicheiosis Theologike, Grundkurs über Einheit, Einleitung, Lesetext nach Dodds, Übersetzung und Kommentar*, Erwin Sonderegger, Juni 2023.

4.2 Thomas: Monotheismus

Während die Kommentare üblicherweise zum Gebrauch im Unterricht gedacht waren, war das vermutlich im Falle des Metaphysik-Kommentars von Thomas anders. Thomas hat den Kommentar zur *Metaphysik*, wenigstens die Bücher VII bis XII, vermutlich nach Mitte 1271 in Paris verfasst (vielleicht mit Nachträgen in Neapel, wohin er gleich darauf, 1272, beordert wurde). Ein Indiz dafür ist die Zählung von Λ als Buch XII, das vorher wegen des Fehlens von K als Buch XI zitiert worden war. Im Ganzen war Thomas von 1268–1272 an der Arbeit am Metaphysik-Kommentar.

G. Galluzzo sagt, dieser Kommentar habe Thomas der Fundierung seiner *Summa Theologica* gedient, an der er 1266–1273 gearbeitet hat. Er habe auch sein eigenes Aristoteles-Verständnis verbessern wollen, was durch die neu entdeckten und übersetzten Schriften zu seiner Zeit möglich geworden war.[96] Nicht zuletzt habe er diese Kenntnisse dafür benutzt, um das averroistische Aristotelesbild, das seinem Verständnis von Theologie widersprach, zu bekämpfen, speziell bei den Themen Ewigkeit der Welt, Einzigkeit des Intellekts, Erkennen und Wollen Gottes, zwei Wahrheiten.[97]

Ruedi Imbach unterscheidet sehr treffend drei Hinsichten, unter welchen die Kommentare des Thomas betrachtet werden müssen: 1. die exegetische, 2. das Finden der Wahrheit, 3. die Verteidigung des christlichen Glaubens.[98] Alle drei

96. Siehe G. Galluzzo, in Fabrizio Amerini and Gabriele Galluzzo, 2014, 209.

97. Siehe Jean-Pierre Torrell, 2015. Die 2. Aufl., 2002, ist „revue et augmentée d'une mise à jour critique et bibliographique," sie enthält auch ein kritisches Schriftenverzeichnis von J.-P. T., Gilles Emery (484–525 mit Ergänzungen 611–631); eine weitere Aufl., „profondément remaniée et enrichie d'une bibliographie mise à jour," erschien 2015. – René Antoine Gauthier, 1983, 201–232; mit Fortsetzung 1984, 3–49 (Zitate nach R. Imbach im *Grundriss*); Peter Schulthess, in *Grundriss, Mittelalter*, 4.1, p. 170, sagt dazu: „Ausschlaggebende Bedeutung für die Kontroversen im 13. Jahrhundert hatten insbesondere Averroes' «große Kommentare» zu Aristoteles' De anima, zur Metaphysik und zur Physik. Die darin vorfindlichen zentralen und wirkungsträchtigen Lehren lassen sich vereinfachend zu vier Punkten zusammenfassen: 1) Averroes wehrt jede «ontologische Verselbständigung der Akzidenzien» ab, da dem Akzidens im Unterschied zur Substanz kein eigenes Sein zukomme. Dies konfligierte insbesondere mit der Lehre von der Transsubstantiation. 2) Man müsse die logische von der metaphysischen Betrachtungsweise trennen, denn die Kategorien seien lediglich Aussageweisen, denen nicht notwendig Sein zukomme. 3) Physik und Metaphysik seien auseinanderzuhalten: Z.B. gehöre die Lehre von den vier Ursachen, besonders diejenige von der Wirkursache, zwar in die Physik, nicht aber in die Metaphysik (eine Kritik an Avicennas metaphysischer Vorstellung von der Emanation). 4) Die berüchtigte Lehre vom einzigen Intellekt für alle Menschen findet sich vor allem im Kommentar zu *De anima*." Siehe auch Kurt Flasch, 2006, 46–56.

Ziele sind offenbar für Thomas wesentlich und er erreicht sie auch. Es ist offensichtlich, dass Thomas im Kommentar die eigene Vergewisserung über die Philosophie des Aristoteles, und wohl auch über das Nachdenken überhaupt, sucht. Dass er dabei zugleich seine *Summa Theologiae* argumentativ fundieren kann, ist ein schönes Beiprodukt. Und, mit dem *Liber de Causis* zusammen, auch wenn Thomas klar ist, dass er nicht authentisch aristotelisch ist, so doch dem Sinne und der Intention nach integrierbar, dient er der Konsolidierung der Substanz-Metaphysik mit Gott als Höhepunkt. Zugleich können dabei gewisse Thesen von Averroes bezüglich Welt, Gott und Seele abgewehrt werden.

In der Einleitung zu Λ sagt Thomas, Aristoteles verfolge in Buch Λ das Ziel, nachzuliefern, was in Z und H bezüglich der Substanzen noch fehle:

> *addere id quod deest ad complendam considerationem de substantiis*
> ([83987] *Sententia Metaphysicae*, lib. 12 l. 1 n. 1)

Zudem gebe Aristoteles einen Beweis dafür, dass diese Wissenschaft sich hauptsächlich mit den Substanzen befassen müsse; es gehe primär um die Substanz: *consideratio principalis de substantia* (das entspricht wörtlich dem ersten Satz von Λ: περὶ οὐσίας ἡ θεωρία). Die hier vorzustellende Wissenschaft betrachte die ersten Prinzipien des Seienden. Generalbereich ist für Thomas wie für Albert das Seiende, innerhalb dieses Bereichs wird das Erste gesucht. Das entspricht auch tatsächlich dem Text. Da der Text der *Metaphysik* als einheitlich, und als im Sinne und nach den Regeln der Analytik konsequent und konsistent entwickelt, betrachtet wird, muss auch ein einheitliches Verständnis möglich sein, und es muss vor allem möglich sein, die Thesen zu beweisen.

Dem widerspricht die Textart der *Metaphysik*. Es ist nicht ein Buch, wie Petrus Lombardus seine *Sentenzen* nach einem vorher feststehenden System geschrieben hat oder Thomas seinen Kommentar dazu, es sind verschiedene Texte eines Lehrers zum eigenen Gebrauch während vieler Jahre. Zudem ist heute klar, dass der Text der *Metaphysik* ein Schriftkonglomerat, eine Sammlung ursprünglich nicht zusammenhängender Schriften ist, also gar kein einheitlich komponiertes Buch. Weiterhin ist heute klar, dass eben gerade die Methode der Analytik in der *Metaphysik* nicht angewendet ist und nicht angewendet werden kann, weil es eine **Frage nach** dem Ersten ist, nicht eine **Deduktion von allem** aus dem bekannten Ersten. Für diese Frage bedarf es einer anderen Art des Vorgehens, ἄλλος τρόπος δηλώσεως (*Metaphysik* E 1, 1025b16).

---

98. Ruedi Imbach, 2021, 20. – Es sind dieselben Ziele, die auch Petrus mit seinen *Sentenzen* erreichen wollte, wie er im Prologus sagt.

4.3 Theologie und Aristoteles bei Albert und Thomas

Nach der systematischen Anlage des ganzen Textes in die drei Traktate und die Kapitel und Digressionen darin scheint es so, als ob Albert nicht einen Kommentar zu einem bestehenden Text schreiben wollte, sondern dass er den bestehenden Text dazu benutzte, seine eigenen Ideen über die Substanz darzustellen.[99] Der aristotelische Text scheint sein Vehikel zu sein, Eigenes vorzubringen. Damit entspricht er dem Verständnis von *auctor*, das Bonaventura im Sentenzenkommentar dargelegt hat (*Prooemium*, *Quaestio* 4). Wenn Albert *ostendimus, demonstravimus* usw. verwendet, ist oft nicht klar, ob der Plural nur für ihn gilt, oder ob er damit Aristoteles zitiert. Albert widerspricht jedoch dem Eindruck, Eigenes darlegen zu wollen, ausdrücklich in *Digressio* I *Cap.* 9., wo der betont, dass alles Gesagte rein Peripatetisch sei; was er selbst denke, sei anderswo zu finden.

Die Digressionen widmen sich Einzelthemen, die Albert ausführlicher behandeln will, die sich aber auf etwas im Text beziehen. Darin geht er deutlich argumentativer vor als im Kommentarteil. Er diskutiert hier oft verschiedene Ansichten und Behauptungen dazu aus Tradition oder seiner Gegenwart. Der Kommentarteil von Albert ist dagegen oft eher nur paraphrasierend, den kurzen Ausgangstext durch Erweiterung erläuternd.

Thomas folgt dem Text in seinem Kommentar viel näher und versucht, den knappen Grundtext hauptsächlich durch Gliederungen und Paraphrasen verständlich zu machen. Er gibt dem Text keine eigene übergeordnete Gliederung wie Albert. Sehr oft macht er den Bezug auf den zu erklärenden Text ausdrücklich mit *dicit* und Ähnlichem. Die Formulierungen der Gliederungen sind sprachlich extrem primitiv, sehr häufig sind Sätze folgender Art: *Et circa hoc duo facit* (hierzu siehe p. 104).

Thomas fragt selten oder nie, woher eine Gliederung stamme, ob sie berechtigt, ob sie vollständig sei oder nicht; beispielsweise bei der dreifachen Gliederung der οὐσίαι in ὕλη, φύσις und ‚das aus beidem' in Λ 3. Die Gliederung wird einfach als gegeben angenommen. Thomas erweckt auch den Eindruck, dass alles, was im kommentierten Text gesagt wird, bewiesen werden könne und müsse, da eben aus den systematischen Fragen von Aristoteles ein behauptendes System geworden ist. Die Metaphysik soll Beweise im Sinne des *propter quid*, also durch die Angabe von Gründen, liefern.

Oberflächlich gesehen verhält sich Thomas im Kommentar zu Λ vorsichtiger. Er bleibt näher am Text, gebraucht die maskuline Form *motor* spät und selten (zur Erinnerung: wenn Aristoteles davon spricht, dass der Anfang der Bewegung

---

99. Ein Punkt, der für Imbach (2015, 390–392) den Kommentar von Albert gegenüber dem von Thomas sehr abwertet.

nur von einem Unbewegten herrühren könne, braucht er nie die maskuline Form, egal, ob er vom kosmologischen Aspekt der Frage spricht oder vom spekulativen). Albert ist ungenierter, er gebraucht schnell und oft die maskuline Form für das unbewegt Bewegende. Oft ist das zwar im Zusammenhang mit den Bewegern der Gestirne, wo diese Ausdrucksweise weniger gravierend ist, da ja auch bei Aristoteles Götter im Hintergrund sind, aber er gebraucht diese Form auch öfter als Thomas im Zusammenhang mit dem ersten Bewegenden.

Albert erklärt öfters, er wolle in diesem Kommentar nichts anderes als Aristoteles bzw. die Peripatetiker erklären (bei Thomas finden sich keine entsprechenden Bemerkungen), dennoch scheint es an gewissen Stellen, dass er vom christlichen Gott spricht, besonders wenn er von der Güte Gottes oder von Gott als dem *actus purus* spricht. Da man ihm jedoch seine Versicherungen abnehmen muss, muss man akzeptieren, dass er eben diese christliche Seite Gottes im aristotelischen Text gefunden hat. Er meint, im peripatetischen Rahmen zu verbleiben. Das ist umso leichter verständlich, als dieser peripatetische Rahmen stark durch den *Liber de Causis* und die Schriften des Dionysios Areopagita bestimmt ist, das gehört zu seiner hermeneutischen Situation.[100]

Trotzdem hält Albert letztlich besser durch, er trennt, trotz weniger Unklarheiten im Verlauf des Textes, die peripatetische Theologie konsequenter als Thomas von der christlichen. Das zeigt vor allem sein Schlusswort am Ende des dritten Traktates, wo er noch einmal die genannte Trennung fordert. Dies steht ganz im Gegensatz zum Schluss des Kommentars von Thomas. Dieser geht unvermittelt über in ein Gebet, in dem der Alleinherrscher, von dem am Schluss des aristotelischen Textes die Rede ist, offensichtlich mit dem christlichen Gott identifiziert wird. Thomas setzt die Überlegungen und Argumente des Aristoteles absichtlich und konsequent für die Begründung des christlichen Dogmas ein.

Leo Elders wollte in einem Artikel nachweisen,[101] dass Thomas in seinem Kommentar zur Metaphysik nie christliche Voraussetzungen gebraucht habe, dass also seine Interpretation strikt authentisch und philosophisch sei. Er denkt, seine Ausführungen zu Recht mit dem Satz schliessen zu können:

> In his knowledge of the entire Corpus Aristotelicum and in his penetration of the text St. Thomas has no equals.

---

100. Das scheint auch David Twetten zu bestätigen in seinem Beitrag 2013, p. 209–210: "Albert's Aristotle affirms one, first God who is a knowing and willing creator, without intermediaries, of all things …"; mit der Frage im Allgemeinen befassen sich David Twetten und Steven Baldner im Beitrag "Albert's Aristotelian Paraphrases," im selben Handbuch, 168–172; sie kommen zum Schluss, dass Albert mit diesen Einschränkungen einerseits sein Referat als objektiv intendiert verstanden haben will, aber dennoch das aristotelische / peripatetische Gedankengut zur Findung der Wahrheit gebrauchen kann.

101. Leo J. Elders, 1983, 307–326.

Gewiss hat Thomas nie christliche Glaubenssätze oder dergleichen benutzt, um die aristotelische Metaphysik zu erklären, das war auch gar nicht nötig in der hermeneutischen Situation, in der er sich befand. Das Verständnis von Aristoteles war vorweg schon durchgängig gelenkt durch den *Liber de Causis* und die Werke des Dionysios Areopagita. So ergaben sich die christlichen Züge als werkimmanent. Der Schluss des Kommentars zu *Metaphysik* Λ zeigt, dass Thomas Ziel und Pointe der ganzen Bemühung in der Bestätigung des christlichen Monotheismus durch Aristoteles gesehen hat. Thomas hat sehr viel vom Text verstanden, aber unter den Bedingungen seiner hermeneutischen Situation.

Im Unterschied zu Thomas integriert Albert die angebliche aristotelische Theologie nicht in die christliche wie Thomas das tut, er warnt davor, die christliche Theologie mit der Interpretation von Aristoteles zu vermischen, da sie auf verschiedenen Prinzipien beruhen. Die christlichen Züge in seinem Verständnis von Aristoteles sind durch seine hermeneutische Situation bedingt, diese waren dieselben wie die von Thomas. Unterdessen, für uns heute, hat diese sich gewandelt.

4.4 Paradigmenwechsel in der Theologie mit Albert und Thomas

Die christliche Theologie beginnt nicht erst im 13. Jh. mit der Aristoteles-Rezeption, sie hat schon eine tausendjährige Geschichte zur Zeit, in der Aristoteles im lateinischen Westen im grossen Stil rezipiert wird.

Das Wort „Theologie" selbst und weitere Komposita mit θεο- als Vorderglied sind nochmals viel älter. Homer nennt einige seiner Figuren θεοειδής (oder auch θεῖος, z. B. Priamos, Alexander, Telemachos, Odysseus), θεογονία ist der Titel eines Gedichts von Hesiod. Θεολογία wird erstmals von Platon, *Staat*, 379a, gebraucht; das Wort steht dort für Mythendichtung, die Platon scharf verurteilt; θεόλογος und θεολογία erscheinen bei Aristoteles in der *Metaphysik*; er benennt so Dichter wie Hesiod oder Orpheus und alternative Programme, von denen er sich distanziert; jedoch bezeichnet er auch das, was er als das höchst-mögliche Wissen für den Menschen hält, einerseits als Erste Philosophie, an wenigen Stellen auch als θεολογικὴ ἐπιστήμη. Das theologische Wissen steht dem mathematischen und physischen Wissen gegenüber, es stellt aber nicht ein vorhandenes Wissen dar, sondern ein zu suchendes (*Metaphysik* E 1, 1026a19).

Bei den frühen Vätern und den Apologeten wird das Wort θεολογία nur selten verwendet, es scheint um 300 p. Chr. n. im Christentum heimisch geworden zu sein, Eusebius von Cäsarea soll dabei beteiligt gewesen sein.[102] Augustinus

102. O. Bayer / A. Peters, 1998, Bd. 10, Sp.1082.

bespricht sehr ausführlich die dreifache Sinnrichtung von *theologia* bei Varro, der eine mythische, eine physische und eine zivile unterscheidet. Augustin lehnt die mythische und die politische Variante ab, sinnvoll sei nur jene Theologie, mit der sich die Philosophen beschäftigt hätten.[103]

Theologia wurde vor dem 12. Jh. verwendet für die Lehre von Gott, für Metaphysik, und für die Auslegung der Heiligen Schrift. So richtig bürgert sich das Wort als Titel für die christliche Lehre von Gott erst im 12. Jh. ein, allerdings, nicht einmal Albert und Thomas benutzen es ausschliesslich, sie gebrauchen für dasselbe auch *sapientia* oder *sacra doctrina*.[104]

Doch, auch wenn der Titel noch nicht fix war, der Sache nach ist die Lehre von Gott alt. Es ist jedoch eine starke Differenz der ‚neuen' gegenüber der alten Lehre von Gott spürbar. Es braucht nicht viel, um zu bemerken, dass der Denkstil und die behandelten Gegenstände bei Augustinus und bei Albert verschieden sind. Davon zeugen auch jene Theologen und Philosophen vor und nach Albert und Thomas, die *antiqui* und *moderni* unterscheiden.[105] Das Begriffspaar hat sehr unterschiedliche Anwendungen, immerhin drücken einige Autoren, die es gebrauchen, damit aus, dass sie, gegenüber früheren Denkern – seien es nun die alten Philosophen, die Kirchenväter oder die Theologen aus der Zeit des Anfangs der Scholastik – einen wesentlichen Unterschied bei sich finden im Umgang mit den Fragen nach Gott. Die beiden Begriffe bezeichnen dann mehr als eine chronologische Einordnung, es sind dann auch ‚Parteinamen' (W. Hartmann). Auch J. Ehlers' Interpretation, dass *moderni* von der „neuen Schultheologie und -philosophie" mit ihrem „freizügigeren und beweglichen Wissenschaftsbetrieb" gebraucht wird, um sich von der alten „monastischen Überlieferung," die mit der *stabilitas loci* verbunden ist, zu unterscheiden, leuchtet ein.[106]

103. Es handelt sich um Marcus Varro, der in den *Academici libri* Ciceros als Gesprächspartner erscheint. Augustin bringt viele, teils auch umfangreiche Zitate. – Zur Dreiteilung siehe: Godo Lieberg, 1982, 25–53. – Augustinus, *De civitate Dei*, VI, V: *Deinde illud quale est, quod tria genera theologiae dicit esse, id est rationis quae de diis explicatur, eorumque unum mythicon appellari, alterum physicon, tertium ciuile? Latine si usus admitteret, genus, quod primum posuit, fabulare appellaremus; sed fabulosum dicamus; a fabulis enim mythicon dictum est, quoniam *muthos Graece fabula dicitur. Secundum autem ut naturale dicatur, iam et consuetudo locutionis admittit. Tertium etiam ipse Latine enuntiauit, quod ciuile appellatur. Deinde ait: "Mythicon appellant, quo maxime utuntur poetae; physicon, quo philosophi, ciuile, quo populi.*

104. Zur Theologie als Wissenschaft: Ulrich Köpf, 1974; James A. Weisheipl, 1974, 49–80; Andreas Speer, 1997, 464–476; Maria Burger, 2011.

105. Zum unterschiedlichen Gebrauch des Paares siehe William J. Courtenay, 1987, 3–10; sowie verschiedene Beiträge in Albert Zimmermann, Gudrun Vuillemin-Diem, 1974.

106. J. Ehlers, 1974, 79.

Es wird also in verschiedener Weise ein Unterschied der Gegenwart zur Vergangenheit oder auch ein Unterschied innerhalb der Gegenwart zwischen traditionellen und fortschrittlichen Gruppen bemerkt; jetzt ist zu fragen, worin dieser Unterschied genau besteht. Was macht den Unterschied der Theologie im 12. und 13. Jh. gegenüber der bisherigen Theologie aus? Fand da ein Paradigmenwechsel statt? Worin hat er bestanden, was war das alte, was das neue Paradigma? Wie haben sich auf Grund veränderter geschichtlicher, wirtschaftlicher, gesellschaftlicher Bedingungen und Prozesse die Grundbegriffe, Grundunterscheidungen und Grundwerte der Meinungswelt verändert? Die Veränderungen in den lebensmässigen Bedingungen vom 11. zum 13. Jahrhundert waren äusserst komplex und vielseitig, sie betrafen alle Lebensbereiche, Landwirtschaft, Gesellschaft, Industrie, Lebensformen. Sie waren so gross, dass man von einer mittelalterlichen Revolution gesprochen hat.

Von den geschichtlichen Bedingungen, die dem Wechsel des Paradigmas zu Grunde liegen, war oben, 1.3, die Rede. Nun muss die Frage gestellt und beantwortet werden, wie die Theologie in diesem Prozess steht. Mich hat die These von G. Wieland überzeugt, der sagt, dass das neue Paradigma der Theologie durch eine neue Auffassung von Rationalität geprägt sei.[107] Dabei ist zu bedenken, dass selbstverständlich auch die alte Theologie rational war, auch die Berufung auf autoritativ geltende Text ist rational, auch diese Texte können mit rationalen Verfahren miteinander verglichen und auf Übereinstimmung oder Widerspruch hin geprüft werden.

Die scholastische Methode des *argumentum per auctoritates* besteht ja nicht darin, einfach Bibel- und Väterstellen zu zitieren, woraus sich ein System und eine Behauptung ergäbe, sondern ganz im Gegenteil, das System und das zu Behauptende stehen schon fest, und auf Grund der Belesenheit und des guten Gedächtnisses der Theologen finden sich immer Belegstellen, die das an einem bestimmten Systempunkt Nötige belegen. Bibel- und Väterstellen werden in den

107. G. Wieland, 1985, 605–630: Wieland sieht den entscheidenden Faktor in der Wandlung der Theologie in der Zeit von Albert darin, dass die christliche Theologie zur Wissenschaft tendiert. Das ist dadurch bedingt, dass in dieser Zeit das Bewusstsein dafür aufkommt, dass die Theologie eigentlich singuläre Fakten, konkret die Ereignisse der Heilsgeschichte, wie die Erschaffung der Welt, den Sündenfall, die Erlösung, das Gericht, in eine allgemeine Begrifflichkeit einordnen können muss. Wie kann man wissenschaftlich begründet von dergleichen reden, gegenüber der früheren Haltung, die Lehre schlicht zu akzeptieren? Da hilft offenbar Aristoteles besser als Platon. Es ist jedenfalls auch eine Wendung von Plato zu Aristoteles; Plato kann eher das Allgemeine verstehen lehren, jetzt sind aber Fragen der Heilsgeschichte im Vordergrund, in der konkrete einzelne Ereignisse das Entscheidende sind. Entscheidend dabei war, dass auch die aristotelische Metaphysik neuplatonisch verstanden wurde, mit Hilfe des *Liber de Causis, De Pomo, Theologia Aristotelis.*

Dienst einer vorweg fixierten Lehre gestellt. Dass das, was behauptet werden soll, sich *per auctoritates* belegen lässt, gibt dem vorher schon durch Nachdenken Gefundenen Würde und Kraft. Das ist ein rationales Verfahren. Petrus Lombardus begründet ja selbst die thematische Folge der vier Bücher im kleinen Vorwort zu Buch III mit den Worten *sic enim rationis ordo postulat.*

Es ist also nicht die Verwendung der *ratio* als solcher in der Theologie neu, es ist wohl auch das, was unter *ratio* verstanden wird, nicht neu. Das Neue, die neue Rationalität, muss in etwas anderem bestehen. Das Neue, scheint mir, nach meinem kurzen Ausflug ins Mittelalter, darin zu bestehen, dass ein Bedürfnis empfunden wird, das Wissen als solches, und nicht nur die Methode der Bibelauslegung sondern auch die Begründung des Glaubens generell zu reflektieren. Die neue Rationalität ist eine reflektierende. Was vorher nur einfach praktiziert worden war, wird jetzt thematisiert, es wird selbst Gegenstand der Erörterung.[108] In der alten Form wurde als selbstverständlich angenommen, dass wir Bibeltexte, die Klassiker der Kirchenväter, einfach so verstehen. Es wurde auch die raffinierte Methode des mehrfachen Schriftsinnes entwickelt. Das war eine Methode, mit textlichen und inhaltlichen Schwierigkeiten oder Widersprüchen umzugehen. Dass aber das Verständnis als solches (auch das des wörtlichen oder historischen Schriftsinns) auch noch Voraussetzungen hat, war nicht als problematisch empfunden worden.

Eben dies ändert sich jetzt. Es entsteht die Einsicht, dass das Wissen Unterschiede hat, dass es unter Bedingungen steht, und dass es deswegen notwendig ist, auf diese Bedingungen zu reflektieren, um sich dieser Unterschiede und Bedingungen bewusst zu werden und sie ausdrücklich machen zu können; diese Einsicht ist neu und bestimmt die theologische Lehre. Die Einsicht wird bestärkt durch die Unterscheidungen im Wissen, die sich in den neu verfügbaren Texten des Aristoteles finden, beispielsweise in den *Zweiten Analytiken* und in *Metaphysik* E. Auch Adriano Oliva stellt fest, dass die Methodenreflexion in den Prologen der Sentenzenkommentare eben "*à partir des années quarante du XIIIe siècle*" zu erscheinen beginnen (256).

Eine Gesamtdarstellung der Entwicklung der Theologie könnte diesen Paradigmawechsel beschreiben. Das ist hier und für mich völlig unmöglich, dafür bin ich nicht zuständig – und zum Glück ist es auch nicht nötig, denn der Vorgang lässt sich auch an einem einfachen Beispiel zeigen.

Die *Sententiae* des Petrus Lombardus war das wichtigste theologische Lehrbuch im Mittelalter. Wenn wir die *Sentenzen* des Petrus (ca. 1158 vollendet) ver-

---

108. Es scheint mir ein Vorgang zu sein, der vergleichbar ist mit dem, was Aristoteles im Organon macht, wo er die Gesprächspraxis einerseits der Dialoge Platons, andererseits des Gesprächs überhaupt reflektiert.

gleichen mit den Kommentaren von Albert (ca. 1249 vollendet), Bonaventura (1252–1255) und Thomas (1254–1256), dann wird der Unterschied zwischen der ‚alten' und der ‚neuen' Theologie offensichtlich. Der Wandel ist langsam und langfristig, er beginnt natürlich nicht erst mit Petrus, Adriano Oliva bespricht 256–268 weitere Beispiele, die diesen Übergang bestätigen. Die hier getroffene Auswahl zum Beleg des Paradigmenwechsels ist ein Einzelfall, an dem sich die allgemeine Tendenz, die den zeitlichen Rahmen meiner Beispiele übersteigt, ablesen lassen soll. Weitere Einzelheiten fallen auf, wenn wir zudem die *Summen* von Thomas und Albert einbeziehen.

Abaelard (um 1100) hat in der *Theologia Scholarium* das menschliche Heil als das Kriterium der Gliederung seiner Sammlung von Sentenzen erklärt:

> *Tria sunt, ut arbitror, in quibus humanae salutis summa consistit: fides videlicet, caritas et sacramentum.*

Kurz darauf, am Anfang 12. Jh., hat Hugo von St. Viktor im Vorwort der *Summa de sacramentis christianae fidei* angekündigt, in der Darstellung einer systematischen Ordnung zu folgen wollen. Als solche Systeme sind die Abfolge der Heilsgeschichte (Schöpfung, Sündenfall, Erlösung) verwendet worden, oder das neuplatonische System des Verweilens, der Hervorgehens und der Rückkehr, oder auch eine Verschachtelung beider.[109] Mit den Sentenzen des Petrus ist seine systematische Ordnung definitiv geworden.

---

109. Ich zitiere A. M. Landgraf, 1957, 428:

> Sehr interessant ist hier auch die neben der Anselmschule auch der *Summa sententiarum* verpflichtete *Ysagoge in theologiam*. Ihre Reihenfolge ist: Buch 1: *De creatione hominis, De virtutibus, De bonis primi hominis, De lapsu et originali peccato*. – Buch 2: *De restauratione, De remediis ante legem, De lege* (hier wird auch *De preceptis* behandelt), *De prophetiis, De incarnatione, De passione Christi, De sacramentis, De baptismo, De confirmatione, De De coniugio, De unctione, De sacramento altaris, De penitentie sacramento*. – Buch 3: *De angelica natura, De lapsu angelorum, De De confirmatione bonorum angelorum, De divina natura*. – Die Begründung für diese Einteilung dürfte der Prolog mit den Worten geben: *Summus quoque artifex, licet a se constructam machinam nature excellentia incomparabiliter transeat, ad eum tamen ratio philosophantis non nisi per creaturas precognitas meat. Sit igitur theologice doctrine elementum in natura humana, provectus in angelica, consummatio autem in divina. Atque in homine quidem creationem primam, deinde lapsum, novissime restaurationem procurare oportet.*

Aus der folgenden Zusammenstellung der Textabschnitte der *Sententiae* von Petrus und der Kommentare dazu von Albert, Bonaventura und Thomas, soll das Eindringen der Reflexion deutlich werden. In der darauf folgenden Besprechung der Zusammenstellung werde ich versuchen, die Hauptpunkte hervorzuheben.

Eine philologische Vorbemerkung

Für die Sentenzen von Petrus verwende ich: *Sententiae in IV Libris distinctae Magistri Petri Lombardi, Parisiensis episcopi*, Editiones S. Bonaventurae, Ad Claras Aquas, Grottaferrata (Romae) 1971;

für den Kommentar Alberts dazu: *Alberti Magnis Ordinis Fratrum Praedicatorum, Super I librum Sententiarum distinctiones 1–3*, edidit Maria Burger, Aschendorff, Münster 2013;

für den Kommentar Bonaventuras dazu: *S. Bonaventurae Opera omnia*, edita studio et cura PP. Collegii A S. Bonaventura, "Tomus I, Commentaria in Quatuor libros sententiarum Magistri Petri Lombardi," Quaracchi, 1882;

für Thomas' Prolog zu seinem Sentenzenkommentar : A. Oliva, *Les débuts de l'enseignement de Thomas d'Aquin et sa conception de la sacra doctrina. Avec l'édition du prologue de son commentaire des Sentences*, Vrin, Paris 2006;

für Distinctio I von Thomas: *S. Thomae Aquinatis Scriptum super Libros Sententiarum Magistri Lombarid Episcopi Parisiensis*, cura R. P. Mandonnet, O. P., Tomus I, Parisiis, 1929;

für die Summe von Thomas: *Sancti Thomae Aquinatis Summa Theologiae, Cura fratrum eiusdem Ordinis*, Prima pars, quinta editio, Matriti 1994;

für die Summe von Albert: *Sancti Doctoris Ecclesiae Alberti Magni, Tomus XXXIV, Pars I, Summa Theologiae, sive De mirabili scientia Dei, Libri I, Pars, Quaestiones 1–50A*, edidit Dionysius Siedler, P. A, Collaborantibus Wilhelmo Kübel et Henrico Georgio Vogels, Aschendorff, Münster 1978.

Tabelle 4.4 Prooemium und erste Distinktion des ersten Buches der *Sentenzen* des Petrus Lombardus und die Kommentare von Albertus Magnus, Bonaventura, Thomas von Aquin

Albert, Bonaventura, Thomas: Prologe der Sentenzenkommentare; Thomas, Albert: Prologe der Summen

Petrus Lombardus, Sentenzen (ca. 1158)	**Albertus Magnus, Sentenzenkommentar (1249 vollendet)**	**Bonaventura, Sentenzenkommentar (1252–1255)**	**Thomas von Aquin, Senten zenkommentar (1254–1256)**	**Thomas, Summa (1265–1273)**	**Albert, Summa (1268–1274)**
–	A/Prologus Alberti Magni in quattuor libros sententiarum, *Ego ex ore altissimi …* Hic secundum ordinem … (Themen der vier Bücher)	B/Prooemium S.B. in librum primum Sententiarum, *Profunda fluviorum* … Verbum istud … (Inhalt der 4 Bücher nach *causa materialis, formalis, finalis, efficiens)*	TSK/ <Prologus> *Ego sapientia effudi flumina* … Inter multas sententias … (4 Bücher: *divinorum abscondita, creaturarum productio, operum restauratio, perfectio)*	TSU/ *Prologus* (Theologie für Anfänger)	ASU/Prologus, *Mirabilis facta est …* (Theologie als ehrwürdigste und sicherste Wissenschaft, gegründet auf Offenbarung)
		B/Quaestiones Prooemii	TSK/ <Prologi questiones> … sacre doctrine … queruntur quinque	TSU/**Quaestio 1, De sacra Doctrina, qualis sit, et ad quae se extendat**	ASU/**Tractatus 1. De theologia, inquantum est scientia** *(Cupientes … Quaeremus autem de ispa scientia sex, scilicet an est, quid est, de quo est ut de subiecto, qualiter ab aliis scientiis distincta est, quis proprius modus eius et ad quid est.)*
		B/**Qu. 1, Quae sit materia quodve subiectum huius libri vel theologiae.**	TSK/**1. … de necessitate ispius**	TSU/**Art. 1, Utrum sit necessarium, praeter philosophicas disciplinas aliam doctrinam haberi** (cf. Sent. 1.)	
		B/**Qu. 2, Quae causa formalis quive modus procedendi sit in his libris Sententiarum**	TSK/	TSU/**Art. 2, Utrum sacta doctrina sit scientia**	ASU/**Qu.1. An theologia sit scientia**
					ASU/**Qu.2. Quid est theologia diffinitione**
					ASU/**Qu.3 De quo est theologie ut de subiecto**
				TSU/	ASU/**Cap. 1. De subiecto theologiae**

Petrus Lombardus, Sentenzen (ca. 1158)	Albertus Magnus, Sentenzenkommentar (1249 vollendet)	Bonaventura, Sentenzenkommentar (1252–1255)	Thomas von Aquin, Senten zenkommentar (1254–1256)	Thomas, Summa (1265–1273)	Albert, Summa (1268–1274)
			TSK/2. … an sit una vel plures	TSU/Art. 3, Utrum sacra doctrina sit una scientia (cf. Sent. 2)	ASU/Cap. 2. Utrum theologia sit una vel plures
		B/Qu.3, Utrum hic über sive theologia sit contemplationis gratia, an ut boni fiamus, sive utrum sit scientia speculativa an practica.	TSK/3. … an practica vel speculativa	TSU/Art. 4, Utrum sacra doctrina sit scientia practica (cf. Sent. 3)	ASU/Cap. 3, Utrum theologia sit practica vel theorica
					ASU/Cap. 4, Utrum theologia sit scientia universalis vel particularis
				TSU/Art. 5, Utrum sacra doctrina sit dignior aliis scientiis	ASU/Qu. 4 Utrum theologia sit scientia ab aliis scientiis separata
				TSU/Art. 5, Utrum haec doctrina sit sapientia (cf. Sent. 3)	
		B/Qu. 4, Quae sit causa efficiens sive auctor huius libri	TSK/4. … de subiecto ipsius	TSU/Art. 7., Utrum Deus sit subiectum huius scientiae (cf. Sent. 4)	
			TSK/5. … de modo	TSU/Art. 8, Utrum haec doctrina sit argumentativa (cf. Sent. 5)	ASU/Qu. 5. De modo theologiae proprio
				TSU/Art. 9, Utrum sactra Scriptura debeat uti metaphoris	ASU/Cap. 1. Utrum theologia habeat modum scientiae vel artis
				TSU/Art. 10, Utrum sacta Scriptura sub una littera habeat plures sensus	ASU/Cap. 2. Utrum theologia certiorem modum habeat aliis scientiis
					ASU/Cap. 3. Utrum theologia habeat modum argumantationis
					ASU/Cap. 4. De quattuor modis expositionis sacrae scripturae
					ASU/Qu. 6. Ad quid est theologia sicut ad finem

Petrus: Prolog, Albert, Bonaventura, Thomas: Kommentar

Petrus, Sentenzen	**Albert, Sent.- kommentar**	**Bonaventura, Sent.- kommentar**	**Thomas, Sent.- kommentar**	**Thomas, Summa**	**Albert, Summa**
Cupientes ...	A/Explanatio in Prooemium Auctoris (Cupientes aliquid etc. *Prooemium istud dividitur in tres partes...)*	B/Commentarius in Prologum Magistri	TSK/ <Prologi Sententiarum divisio et expositio littere> *(Cupientes)* Huic operi Magister prohemium premittit in quo ... reddit lauditorem benivolulm ... docimelmm ... attentum; dann Einzelerklärungen	TSU/ –	ASU/ –
	A/Littera sic exponitur (4al5,B; Einzelerklärungen zum Prolog von Petrus)				
		B/Divisio Textus Primae Partis Prologi Magistri (Gliederung und Einzelerläuterungen)			
		B/Dubia circa primam partem Prologi Magistri, I–IV			
Veritati non intellectae		B/Divisio Textus secundae partis Prologi			
		B/Dubia circa litteram secundae partis Prologi, V–VIII			
In quo maiorum exempla		B/Divisio textus ultimae partis B/Dubium ultimae partis, IX			
Capitula					

Haupttexte: Petrus Sentenzen, Kommentare von Albert, Bonaventura, Thomas, und Summen von Thomas und Albert

Petrus Lombardus, Sentenzen	**Albertus Magnus, Sentenzenkommentar**	**Bonaventura, Sentenzenkommentar**	**Thomas von Aquin, Sentenzenkommentar**	**Thomas, Summa**	**Albert, Summa**
Liber Primus, De Mysterio Trinitatis	A/Liber Primus	B/ Liber I Sententiarum, De Dei Unitate et Trinitate	TSK/Liber I, De mysterio Trinitatis	TSU/Quaestio 2 De Deo, an sit	ASU/Tractatus 2, De frui et uti et utentibus et fruentibus
Distinctio I	A/Distinctio I	B/Distinctio I	TSK/ Distinctio I, De mysterio Trinitatis; … (Weiteres zu uti und frui) TSK/Divisio Textus, Finito prooemio	TSU/Art. 1, Utrum Dei, esse sit per se notum	ASU/Qu. 7, De frui
Cap. 1, *Veteris ac novae legis* (Themen: res / signa; uti /frui)	A/Capitulum 1 *Veteris ac novae legis etc.* Doctrina istius libri … (Gliederung der vier Bücher in drei Teile)	B/Expositio Textus	TSK/De rebus communiter agit	TSU/Art. 2, Utrum Deum esse sit demonstrabile	ASU/Qu. 8–12, De uti
	A/Sed obicitur (11b34, B) … et quaeruntur quattuor:	B/Divisio (In parte ista incipit tractatus libri …)			
	primum, Quid sit theologiae subiectum	B/Dubia 1–16 (zu uti und frui)	TSK/Distinctio 2, De mysterio Trinitatis et Unitatis, Qu. unica, Art 1 Utrum Deus sit tantum unus, Art. 25, attributa, pluralitas relationum, plures personae, utrum differant realiter	TSU/Utrum Deus sit *(Quinque viae)*	ASU/Tractatus 3, De cognoscibilitate, nominabilitate et demostrabilitate dei
	secundum. Utrum ipsa sit scientia una vel plures				
	tertium, Utrum sit speculativa vel practica	TSK/Divisio Textus (Gliederung der vier Sentenzenbücher, nach dem Prooemium Magistri)			
	quartum, De modis expositionum et probationum eius		TSK/Distinctio 3, De cognitione creatoris per creaturas, in quibus Trinitatis vestigium apparet		ASU/Qu. 13–18 (Fragen zur Erkennbarkeit, Benennbarkeit, Beweisbarkeit Gottes)
	A/Sed revertendum est iterum ad litteram … (16a12, B) A/Littera sic exponitur (18b43, B)				

Petrus Lombardus, Sentenzen	**Albertus Magnus, Sentenzenkommentar**	**Bonaventura, Sentenzenkommentar**	**Thomas von Aquin, Sentenzenkommentar**	**Thomas, Summa**	**Albert, Summa**
Cap. 2, *Id ergo in rebus*	A/Cap. 2, … quid in rebus quaerendum est (res fruibilis/utentes, utiles/fruentes)				
Cap. 3, *Notandum vero*	A/Cap. 3, … auctor obicit contra determinata de ‘frui’ et ‘uti’		TSK/Quaestio 1 (zu uti und frui)	TSU/Qu. 3–26 (zu den Eigenschaften Gottes)	ASU/Tractatus 4, De essentialitate, simplicitate et incomutabilitate dei
			TSK/Art. 1, Utrum frui sit actus intellectus	TSU/	ASU/Qu. 19–21, zu essentialitas, simplicitas, incommntabilitas
		etc.	etc.		ASU/Tractatus 5, De aeternitate, aeviternitate et tempore / QU. 22–23
			TSK/Expositio Textus (Erklärungen zu einzelnen Stellen)		ASU/Tractatus 6, De uno, vero et bono / Qu. 24–29
Distinctio II. De Mysterio Trinitatis et Unitatis	A/Distinctio II	B/Distinctio II, De Mysterio Trinitatis et Unitatis	TSK/Distinctio II De Mysterio Trinitatis et Unitatis	TSU/Qu. 27–43, (Fragen zu den Personen in Gott, Trinität)	ASU/Tractatus 7, De distinctione personarum in divinis secundum generationem filii et processionem spiritus sancti
					ASU/Tractatus 8–50, Trinitätsfragen, (siehe spez. Tractatus 10, De usia, usiosi, hypostasi et persona)
				TSU/ab Qu. 44 Geschöpfe	
Cap. 1, *Hoc itaque vera ac pia fide etc.*	A/Cap. 1, Hic incipit Magister tractatum huius doctrinae finita parte prooemiali, in qua investigavit de quo agendum est.	B/Expositio Textus *(Secunda pars primi libri …)*			
		B/Dubia litteralia			
…	…	…	…	…	…

Petrus

Petrus gliedert seine *Sentenzen* der chronologisch und rational geordneten Heilsgeschichte folgend:

- Vorwort (2 Druckseiten),
- die im letzten Satz des Vorwortes versprochene Disposition der vier Bücher (ca. 50 Druckseiten),
- *Liber* I, die Trinität behandelnd (ca. 270 Druckseiten),
- *Liber* II, Schöpfung und ihren Fall behandelnd (ca. 250 Druckseiten),
- *Liber* III, Christologie und Erlösung behandelnd (ca. 200 Druckseiten),
- *Liber* IV, Sakramente behandelnd (ca. 330 Druckseiten)

Petrus praktiziert schon im Prolog die Methode, die er im Buch selbst anwenden wird, mehr als die Hälfte des Textes sind Anspielungen an oder Zitate aus Bibel und Väterliteratur (siehe Anmerkungen der Ausgabe 1882 oder der *Editio minor*, Quaracchi 1934). Petrus richtet sich darin, wie es sich für ein Vorwort gehört, an den Leser, den er, wie Thomas klug bemerkt,[110] wohlwollend zu stimmen versucht, indem er ihn auf die Belehrung, die er empfangen wird, vorbereitet und auf die Tiefe der Materie hinweist, dann macht er ihn gespannt auf die Lektüre, indem er ihn auf die Nützlichkeit des Buches aufmerksam macht: der Leser muss nicht mehr selbst in der umfangreichen Literatur herumsuchen. Damit der Leser sich leichter zurecht findet in dem doch sehr umfangreichen Buch (im Ganzen über tausend Druckseiten – *perpaucula*!) ist der Inhalt und seine Ordnung in einem unmittelbar folgenden und sehr detaillierten Inhaltsverzeichnis des Buches vorgelegt.

Petrus betont die grosse Mühe, die es kostete, das Buch zu verfassen, mehrmals benutzt er dabei den Bescheidenheitstopos: er habe nur geringe Kraft, die Sache gehe über sein Vermögen (*de penuria ac tenuitate nostra ... ultra vires nostras; infirmitas*), sein Beitrag sei nur gering (*perpaucula*); auch, dass er das Ganze überhaupt nur auf die dringenden Bitten seiner Brüder auf sich genommen habe (*fratribus autem non valeam resistere iure ...*), ist ein Topos mit vielen Vorgängern, beispielsweise Augustinus, *De Trinitate* III 1, Prooemium, Abaelard, *Sic et Non*, Prologus, Anselm, *Monologion, Proslogion*, und viele andere; auch Albert benutzt ihn in der Einleitung des ersten Traktats der *Summa*, wobei er den Satz mit *Cupientes* beginnt, wie Petrus den Prolog seiner *Sentenzen*. Im Weiteren hebt Petrus eindrücklich und ausführlich den Zweck des Buches hervor, den Glauben zu stärken und Irrlehren zu bekämpfen.

110. "Prologus Magistri, Prooemium, Divisio Textus cum eius Expositione," ed. Mandonnet, 1929, p. 19.

Die Themen und ihre Abfolge, Gott als Dreieinigkeit, die Schöpfung, der Sündenfall, die Erlösung durch Christus, die Sakramente als Hilfsmittel zum Heil, all das ist gegeben, auch die Methode, diese Fragen zu behandeln, bedarf keiner weiteren Erörterung, die Sache spricht sozusagen für sich selbst. Deshalb kann Petrus nach dem Vorwort im ersten Buch, *De Trinitate*, gleich in *in medias res* gehen – wenigstens ab *Distinctio II*.

Albert, *Sentenzenkommentar*

Wir wenden uns nun dem Anfang des Kommentars von Albert zu. Er hat diesen, 1249, wenige Jahre vor Bonaventura und Thomas vollendet; es ist ein Glück, für den Anfang dieses Kommentars die Ausgabe von Maria Burger, 2013, benutzen zu können. Albert beginnt mit einem eigenen *Prologus*. In diesem stellt er den Inhalt der vier Bücher der *Sentenzen* vor, wobei der der Gliederung ein Bibelzitat zu Grunde legt, *Sirach*, 24, 5–6, zu Grunde (Text siehe Anm. 115; so sind vor ihm auch schon andere in ihren Kommentaren verfahren). Das erste Buch handle von der *distinctio personarum et processio unius ab alia*, im zweiten Buch *de creaturis agitur*, das dritte Buch handle vom *ortus solis iustitiae Christi Dei nostri*, also von der Erlösung; im Nebel, von dem das Bibelzitat spricht, sieht Albert die Sakramente angesprochen: *per obscuritatem significat gratiam sacramentorum elementis corporalibus obscuratam*, das ist Thema des vierten Buchs der *Sentenzen*. Der Inhalt der vier Bücher ist offensichtlich und unbestritten, diesen Inhalt aus dem Bibelzitat herauszuholen, ist zwar traditionell aber doch raffiniert.[111]

Auf den *Prologus* folgen die Erläuterungen Alberts unter dem Titel *Explanatio in Prooemium Auctoris* (9a, B). Albert erkennt im *Prolog* von Petrus drei Hinsichten: der erste Teil bezieht sich auf das Werk selbst, der zweite auf den Leser, der dritte auf den Autor. Unter *Littera sic exponitur* gibt Albert Erläuterungen zu einzelnen Aussagen oder Ausdrücken im Prolog von Petrus (4a15–9b38, B). Seine Bemerkungen zum *Prologus* des Petrus schliesst er mit dem Hinweis auf das ausführliche Inhaltsverzeichnis, dessen Nützlichkeit er anspricht.

Es folgt das erste Buch des Sentenzenkommentars mit der *Distinctio* I, die drei Kapitel enthält, ohne inhaltliche Titel. Im ersten Kapitel der ersten Distinktion bezieht sich Albert auf Petrus *Veteris ac novae legis etc.*, beginnend mit *Doctrina istius libri* (Burger, p. 10a; Borgnet, p. 14a, unter dem Titel *Divisio Textus*). Hier gliedert Albert die vier Bücher der *Sentenzen* in drei quantitativ sehr ungleiche Teile:

111. In der Ausgabe Borgnet folgt der Originaltext des Prologs von Petrus, *Prologus Magistri*, die Ausgabe von Maria Berger zeigt, dass dies moderne Zutat ist, ebenso wie viele Titel und die Gliederung durch *Articuli*.

1. *Liber I, Distinctio I.* ist für Albert ein Prolog (*modo prooemiali*, B, 10a6; Borgnet, 14b), in dem Petrus den Gegenstand der Wissenschaft klärt, (ca. 6 1/2 Seiten)
2. *Liber I, Distinctio II* bis *Liber IV, Distinctio L, Cap. 7*, das ist der materielle Teil; Petrus behandle hier den Gegenstand, Gott, und dessen *passiones*, Eigenschaften; teils eher Dunkles, teils eher Offenbares, (über tausend Seiten)
3. Ende von *Liber IV, Explicit liber quartus* (drei Zeilen), eine Art Beschreibung der Ankunft am Ziel

Borgnet hat, inhaltlich treffend doch nicht authentisch, dem ersten Kapitel den Titel *Prooemium: De materia hujus Libri, et Librorum divisione* gegeben, und es in acht Artikel gegliedert. Der Titel ist zwar moderne Zutat, entspricht jedoch dem Inhalt, denn Albert sagt, dass Petrus nach einer elementaren oder vorbereitenden Art vorgehe, *modo primordiali proponit ea de quibus ut subjecti partibus est haec doctrina.* Dieser Teil enthält die Reflexion auf die Theologie, in der Ausgabe von Burger reicht er von 11a21, bis 16a6. Alberts' wissenschaftstheoretische Blickrichtung zeigt sich deutlich in den Abschnitten, die mit *obicitur, queritur, revertendum* eingeleitet werden (Burger, 11a bis 16b; von Borgnet, p. 18–21, als sechs *Articuli* bezeichnet).

Die ganze erste Distinktion von Petrus hat für Albert vorbereitenden Charakter, sie handelt noch nicht direkt von ihrem Gegenstand, der Trinität. Albert kann sich berechtigt fühlen, in der ersten Distinktion Reflexionen auf Inhalt und Methode zu finden, denn Petrus stellt hier die Unterscheidung Augustins in *De Doctrina Christiana* vor, dass das, was ist, sich einteilen lasse in *res* und *signa*, und dass unser Verhältnis zu den *res* entweder das von *uti* oder das von *frui* sei. Das sind eher formale und vorbereitende Themen. Wenn Albert 16a7, B, ausdrücklich sagt, er kehre nun zum eigentlichen Thema zurück (*Sed revertendum est iterum ad litteram ...*), dann waren die Reflexionen auf die Theologie als Wissenschaft vorher offenbar ein Exkurs. In diesem Exkurs diskutiert Albert die Bestimmung des Gegenstandes der Theologie, unterschieden in *subiectum et passiones eius* (siehe dazu oben, p. 38), ihre Methode, die Frage ihrer Einheit; die Frage, ob eine Wissenschaft ihren Gegenstand als gegeben anzunehmen habe oder danach erst fragen dürfe; ob die Theologie eine spekulative Wissenschaft oder eine Ethik sei.

Zur Beantwortung dieser Fragen knüpft Albert zwar an die Unterscheidung von Augustinus an *omnis doctrina vel rerum est vel signorum* an, greift aber weit darüber hinaus, indem er Fragestellungen einbringt, die Aristoteles verwendet hat, um Klarheit darüber zu bekommen, was episteme, Wissen, heisst. Albert bezieht sich inhaltlich im Besonderen (ohne hier die Stellen zu nennen, von denen er wohl denkt, sie seien allgemein bekannt) auf *Metaphysik* Γ und E, sowie auf die *Zweiten Analytiken.*

Danach (Burger, 16b67; siebenter Artikel bei Borgnet, 21a), behandelt Albert die Frage, in welcher Weise die Sakramente im alten Bund gewirkt hätten. Da sich das letzte Buch der Sentenzen mit den Sakramenten befasst, und diese Frage bezüglich des Neuen und des Alten Bundes aktuell war, legt sich die Frage nahe. Albert löst sie, indem er sagt, dass jene alten Sakramente die Gnade nur bezeichnen, die unsrigen jedoch auch bewirken.

Die Unterscheidungen zwischen *res* und *signa* und zwischen *uti* und *frui* haben einen stoischen Hintergrund. Die Unterscheidung zwischen Dingen und Zeichen entspricht der Unterscheidung der Stoiker zwischen πράγματα und λεκτά, und die Unterscheidung zwischen *uti* und *frui* stimmt mit der stoischen Unterscheidung zwischen dem *honestum* und dem *utile* überein, wie Augustinus in *De diversis quaestionibus*, 83, 30, sagt: *Ut inter honestum et utile interest, ita et inter fruendum et utendum.*[112] Augustinus ist mit der Stoischen Philosophie gut vertraut.[113] Er unterscheidet beim Wort die Lautgestalt, der eine *res* ist, und den Sinn, den die Stoiker λεκτόν nannten.

Die Überlegungen zu dieser Unterscheidung enden bei Petrus im Paradox, denn auch die Zeichen müssen Dinge sein, sonst wären sie überhaupt nichts. Trotzdem erklärt Petrus, er wolle zuerst von den Dingen, dann von den Zeichen sprechen. Das ist das formale Gerüst zur Gliederung, das Petrus sich gibt. Albert löst das Paradox, indem er *res* und *signa* in philosophischer und in theologischer Hinsicht unterscheidet, sie gehören nicht der gleichen Ordnung an (12a5ff., B), die Zeichen würden hier nicht Zeichen der Dinge bedeuten (wie beispielsweise das Wort ‚Tisch' das Ding Tisch bedeutet; Beispiel von mir), von denen die Rede ist, sondern es seien die Sakramente damit gemeint, von denen in Buch IV der Sentenzen die Rede sein wird.

Unter *Littera sic exponitur* (Burger, p. 18b; *Explanatio in Prooemium Auctoris*, Borgnet, p. 14) erläutert Albert einige Ausdrücke des ersten Kapitels, wie z. B.: *"modesta," ne limites fidei transgrediantur*; oder: *"Primum de rebus" in tribus primis libris; "et postea de signis disseremus," in quarto libro.*

Mit Kapitel 2 der ersten Distinktion, bezogen auf *Id ergo in rebus* bei Petrus, setzt die Behandlung der Dinge ein (19a1, B). Unser Bezug auf die Dinge, sagt Augustinus, sei entweder der von *frui* oder der von *uti. Frui* heisse, einer Sache / einer Person anhängen um ihrer selbst willen, *uti* bedeute, von Dingen einen Gebrauch machen zu anderen Zwecken. *Frui* beziehe sich auf Gott Vater, Sohn

112. Weitere Stellen zu diesen Unterscheidungen: Augustinus, *De civitate Dei*, VIII, 8; Cicero, *De officiis*, II 9. – Literatur zur augustinischen Unterscheidung zwischen *uti* und *frui*: R. Lorenz, 1950–1951, 75–132 und 1952–1953, 34–60; G. Pfligersdorffer, 1971, 195–224; A. Dupont, 2004, 475–506; J. Brachtendorf, 2001, Sp. 500–503.

113. Siehe Marcia L. Colish, 1990, Chapter Four, Augustine.

und den Heiligen Geist, *uti* auf die Welt und die Geschöpfe in ihr. In den weiteren Kapiteln werden weitere Bedeutungsmöglichkeiten von *uti* und *frui* und damit zusammenhängende Fragen diskutiert.

Aus all dem ergibt sich, dass Albert der Erläuterung der Sentenzen eine methodische Reflexion voranstellt, die sich mit der Wissenschaft der Theologie als solcher, mit ihrem Gegenstand und ihrer Methode befasst. Er reflektiert und rechtfertigt das *argumentum per auctores.* Auch die Nachfolger werden nicht darum herum kommen, dasselbe zu tun. Das ist ein Fortschritt, aber eben dadurch auch ein Paradigmenwechsel.

Wichtig ist schliesslich die Platzierung dieser Methodenfragen. Albert hat sie nicht in den Kommentar zum Vorwort integriert, oder, was noch plausibler wäre, dem Ganzen überhaupt voranstellt, beispielsweise in sein eigenes Vorwort, denn Petrus behandelt ja nichts davon, weder im Prolog noch in der ersten Distinktion. Bei Albert ist es ein Teil des Kommentars zur ersten Distinktion. Vielleicht haben ihn dazu, wie schon gesagt, die eher formalen Unterscheidungen Augustins in Dinge und Zeichen, sowie in Nutzung und Gebrauch bewogen.

Auch die zweite Distinktion hat keinen inhaltlichen Titel, Borgnet hatte ihr den Titel *De Mysterio Trinitatis et Unitatis* gegeben (p. 53), das entspricht dem Inhalt des *Liber primus* der *Sententiae* des Petrus.

Wie gehen nun Bonaventura und Thomas vor?

Die Kommentare von Bonaventura und Thomas sind fast gleichzeitig entstanden, Thomas war um die dreissig Jahre alt, als er diesen Kommentar schrieb, Bonaventura einige Jahre älter.[114] Bonaventura (Franziskaner) und Thomas (Dominikaner) gehörten zwar verschiedenen Orden an und hatten insofern ein verschiedenes geistiges und körperliches Zuhause, doch könnte es trotzdem sein, dass die beiden in Kontakt miteinander standen, immerhin hatten sie gemeinsame Interessen, nicht nur geistige, sondern im Mendikantenstreit auch weltliche; sie hatten mit Sicherheit auch persönlichen Kontakt, Albert unterrichtete an der Sorbonne von 1243 bis 1248, Thomas besuchte seine Veranstaltungen und lehrte dort von 1252 an.

Albert stellt, ausgehend von einem Bibelzitat, *Sirach*, 24, 5–6, die Gliederung der *Sentenzen* dar,[115] dasselbe kann natürlich auch Bonaventura mit *Hiob* 28, 11[116]

114. Bonaventura lebte von 1217? bis 1274; sein Kommentar entstand in den Jahren 1252–1255; Thomas lebte von 1225 bis 1274; er schrieb seinen Kommentar in den Jahren 1254–1256; es war die Zeit des Mendikantenstreits, der Auseinandersetzungen zwischen den weltgeistlichen Magistri und den Magistri aus den Orden.

115. *Ego ex ore Altissimi prpdiii primogenita ante omnem creaturam: ego feci in caelis ut oriretur lumen indeficiens, et sicut nebula texi omnem terram.*

und Thomas mit *Ecclesiasticus* 24, 40–42.[117] Thomas verwendet Bonaventuras Hiob-Zitat, um den Inhalt des ersten Sentenzenbuchs zu charakterisieren (*Et in hoc tangitur materia primi libri.*)

In der Ausgabe des Sentenzenkommentars von Bonaventura, die ich benutze (Bonaventura, 1934) sind die Texte von Petrus nicht aufgeführt, es wird mit den Satzanfängen darauf verwiesen.

Die Gliederung des Sentenzenkommentars von Bonaventura stellt sich wie folgt dar. Im *Prooemium* entwickelt Bonaventura ausgehend vom eben zitierten Hiob-Zitat die vier Gründe (*causa materialis, formalis, efficiens, finalis*) und den Inhalt der vier Bücher der *Sentenzen.* Als Beispiel für sein Vorgehen diene der im Zitat genannte Fluss. Er ist die *causa materialis* in vierfachem Sinn: als *emanatio personarum* (=Buch I), als *rerum mundarum productio* (=Buch II), als *Filii Dei incarnatio* (=Buch III), als *Sacramentorum dispensatio* (=Buch IV). So verfährt auch mit den weiteren Teilen des Zitats.

Darauf stellt er vier Fragen zu diesem *Prooemium*:

Quaestio I. *Quae sit materia quodve subiectum huius libri vel theologiae*
Quaestio II. *Quae causa formalis quive modus procedendi sit in his libris Sententiarum*
Quaestio III. *Utrum hic liber sive theologia sit contemplationis gratia, an ut boni fiamus, sive utrum sit scientia speculativa an practica*
Quaestio IV. *Quae sit causa efficiens sive auctor huius libri*

Die ersten drei Fragen betreffen dieselben Inhalte wie die Artikel 2, 4 und 5 von Albert. Die letzte Frage bezieht sich darauf, in welcher Weise Petrus als *auctor* dieses Buches betrachtet werden kann, denn es ist ja offensichtlich und auch beabsichtigt, dass ein grosser Teil des Textes gar nicht von Petrus selbst stammt. Bonaventura sagt, dass Petrus in dem Sinne *auctor* dieses Buches genannt werden könne, als er *scribit et sua et aliena, sed sua tamquam principalia, aliena tamquam annexa ad confirmationem.* Das bedeutet, dass Bonaventura klar ist, dass Petrus sein System selbst entwickelt hat und die Zitate aus der Heiligen Schrift und den Vätern belegen sollen, was er selbst gedacht hat.

Bonaventura grenzt die wissenschaftstheoretischen Fragen deutlicher ab gegenüber dem übrigen Text als Albert, er stellt sie nicht in der ersten Distinktion wie Albert, sondern schliesst sie an sein eigenes Vorwort an. Auf dieses folgt der *Commentarius in Prologum Magistri.* Bonaventura gliedert den Kommentar zum

116. *Profunda fluviorum scrutatus est, et abscondita produxit in lucem.*

117. *Ego sapientia effudi flumina: ego quasi trames aquae immensae defluo: ego quasi fluvius Diorix, et sicut aquaeductus exivi de Paradiso. Dixi: rigabo hortum plantationum, et inebriabo pratus mei fructum.*

Prolog in die *Divisio Textus* und neun *Dubia*, in welchen inhaltliche oder sprachliche Einzelfragen des Prologs von Petrus behandelt werden. Damit ist klar, dass Bonaventura den Unterschied zwischen seinen methodischen Überlegungen und dem Text gesehen hat, seine eigenen Fragen gehören nicht in den Kommentar zum *Prologus Magistri* und schon gar nicht in die *Distinctio*, es sind Fragen, die sich auf sein eigenes Vorwort beziehen. Erst die *Divisio Textus* und die *Dubia* beziehen sich auf den Text der *Sentenzen*.

Thomas geht ähnlich vor. Er eröffnet das Buch wie Albert und Bonaventura mit einem Bibelzitat, woraus er den Inhalt der vier Bücher der *Sentenzen* entwickelt. Es folgt, mindestens in der Ausgabe von Mandonnet, 1929, der Text des Prologs von Petrus. Das ausführliche Inhaltsverzeichnis, worauf Petrus im letzten Satz des Prologs hinweist, wird ausgelassen, im laufenden Text sind die Titel und Untertitel jedoch eingefügt.

Thomas lässt die *Quaestio* I folgen, die fünf Fragen enthält, die er in fünf *Articuli* behandelt. Diese sind noch deutlicher und ausdrücklicher als bei Bonaventura von der Aristoteles-Lektüre her bestimmt. Die Frage des ersten Artikels *Utrum praeter physicas disciplinas alia doctrina sit homini necessaria* hat, abgesehen von der auf Erlösung ausgerichteten zweiten Hälfte einen klaren Bezug zur Frage, die sich Aristoteles in *Metaphysik* E 1 (Ende) stellt, dass, wenn es keine andere Seinsweise als die physische gäbe, die Physik die erste Philosophie wäre.

Im obigen Zitat ist *physicas* eine Auflösung der im Codex benutzten Abkürzung *phi'cas*. Adriano Oliva löst diese Abkürzung jedoch als *philosophicas* auf. Sachlich wäre das gewiss zutreffend, denn es geht ja um die christliche, auf der Offenbarung beruhenden Theologie, neben der peripatetischen Philosophie überhaupt, nicht nur darum, ob es neben der Physik noch anderer theoretischen Wissenschaften bedürfe; diese Frage ist schon beantwortet dadurch, dass neben der Physik noch Mathematik und Metaphysik stehen, neben diesen als Gruppe auch noch die Ethik (siehe Albert, *Kommentar zur Physik, Tractatus* I, *Caput* 1, Borgnet p. 2a).

Adriano Oliva zeigt, dass Thomas offenbar in der Explikation der *sacra doctrina* der *Zweiten Analytik* von Aristoteles folgt, wenn er auf diese bezogen die Fragen stellt *an sit, quid sit, quale sit, cur sit* (274).

Für die Exponierung der zweiten Frage *Utrum tantum una doctrina debeat esse praeter physicas* bezieht sich Thomas gleich selbst auf die *Zweite Analytiken* I von Aristoteles (jede Wissenschaft handelt nur von einer Gattung; dasselbe in *Met.* E 1), für die Lösung dann auf den Anfang von *Caelestis hierarchia* von Dionysios Areopagita. Die Theologie ist sowohl einheitlich als auch in gewissem Sinne die einzige Wissenschaft, da sie *per rationem divinam* verfährt, die Analogie beachtet, und ihre Kraft aus der *divina inspiratio* und dem *lumen divinum* bezieht.

Der dritte Artikel *Utrum sit practica vel speculativa* gründet letztlich auch in den Fragen von *Met.* E 1, wo Aristoteles die Handlungen und das Herstellen leitende Wissen vom theoretischen Wissen unterscheidet. Die Frage dieses Artikels hat Albert in Artikel 4 gestellt. Für Aristoteles ist die Frage in E 1 mit der Gliederung des rationaldiskursiven Wissens in das Wissen um das Handeln, um das Herstellen und das bloss betrachtende Wissen entschieden.

Auch die Frage von Artikel 4 – *Utrum Deus sit subiectum istius scientiae* – hängt mit E 1 zusammen, wo im Unterschied zu den üblichen Formen des Wissen, die alle ihr gegebenes Gebiet (Gattung) haben, nach einem Wissen gefragt wird, das nicht von dieser oder jener Gattung, sondern vom Seienden als solchen handelt.

Artikel 5: *Utrum modus procedendi sit artificialis,* entspricht der Frage in Artikel 2 von Albert. Albert behandelt dort die Methode des mehrfachen Schriftsinns. Thomas nennt, darin Petrus folgend, drei Ziele der hier vorzustellenden Wissenschaft, der Theologie, die deren Vorgehen bestimmen. Sie muss einerseits Irrtümer beseitigen, ethisch wirken und zur Betrachtung der Wahrheit führen. Ihre Methode ist insgesamt argumentativ, sei es über Autoritäten oder über Begründungen. Dies führt letztlich auch bei Thomas dazu, dass zur Auslegung der Heiligen Schrift die Methode des vierfachen Schriftsinns angewendet werden muss. Es ist somit klar, dass die Auslegung ‚technisch' (*artificialis*) zu erfolgen hat.

Bei Bonaventura scheint es klar zu sein, dass seine wissenschaftstheoretischen Fragen dem eigenen Vorwort folgen. In der Ausgabe von Mandonnet scheint Thomas eine andere Ordnung zu haben, es scheint allerdings, dass der Einschub des Prologs von Petrus, *Cupientes,* nich authentisch ist, sondern von Mandonnet stammt, zur Bequemlichkeit des Lesers. Dann ist die Ordnung bei Thomas dieselbe wie bei Bonaventura, Thomas will die wissenschaftstheoretischen Überlegungen nicht Petrus unterstellen, es sind seine eigenen.

Wenn Thomas in der Einleitung zur *Divisio Textus* schreibt: *Huic operi Magister prooemium praemittit ...*, dann deutet das darauf hin, dass Thomas erst hier die Erläuterung des Textes von Petrus beginnt, dann wäre es Ausdruck davon, dass Thomas den Unterschied seiner methodischen Bemerkungen gegenüber Petrus erkannt hat. In der Ausgabe des Prologs von Thomas zu seinem Sentenzenkommentar, die Adriano Oliva erarbeitet hat, fehlt der Prolog von Petrus zwischen dem eigenen Prolog und den *Prologi quaestiones.*[118] Dann beziehen sich die fünf *Articuli* von Thomas definitiv auf seinen eigenen Prolog, erst die folgende *Divisio Textus Prologi cum eius Expositione* ist Kommentar zu Petrus.

118. A. OlivaOliva, 2006.

Albert, *Summa Theologiae*

Alberts *Summa Theologiae* ist ein reifes Alterswerk. Inhaltlich und auch im Ausdruck greift Albert oft auf seinen frühen Sentenzenkommentar zurück. In der Disposition der *Summa* folgt er generell der Anlage der *Sentenzen* von Petrus. Albert stellt das deutlich heraus, indem er das *Cupientes* vom Vorwort des Petrus am Beginn des ersten Traktats zitiert. Doch, erstens setzt er nun die wissenschaftstheoretischen Reflexionen an den Anfang, unmittelbar nach dem *Prologus*, als *Tractatus* 1, *De Theologia inquantum est scienta*. Man müsse, wenn man ein Problem lösen wolle, zuerst die Fragen klären, wie Aristoteles sage (Albert bezieht sich offenbar auf *Metaphysik* B). In seinem Fall seien sechs Fragen zu stellen:

> *Quaeremus autem de ipsa scientia sex, scilicet an est, quid est, de quo est ut de subiecto, qualiter ab aliis scientiis distincta est, qui proprius modus eius et ad quid est.*

Das ist der erweiterte Katalog von Fragen, die Aristoteles, *Analytica* B 1, vorstellt, wenn nach etwas gefragt werden soll: ζητοῦμεν δὲ τέτταρα, τὸ ὅτι, τὸ διότι, εἰ ἔστι, τί ἔστιν: Ist x F? Warum ist x F? Gibt es ein x? Was ist x? Dem erweiterten Raster folgen dann die sechs *Quaestiones*. Die Fragen beziehen sich „auf die Wissenschaft selbst," nicht auf Bestimmungen ihres Gegenstandes, das zeigt ihren reflektierenden Sinn.

Zweitens erweitert er den Themenkatalog gegenüber dem Sentenzenkommentar. Die ersten zwei *Quaestiones* behandeln den Wissenschaftscharakter der Theologie und die Definition der Theologie, das fehlte im Kommentar. Die Überlegungen zum Gegenstand der Theologie standen im Kommentar am Anfang, jetzt sind sie Inhalt der *Quaestio* 3, die gegliedert ist in die Fragen zum Gegenstand überhaupt, zur Einheit der Theologie (=zweite Frage im Sentenzenkommentar), zur Frage, ob sie praktisch oder theoretisch sei (=dritte Frage im Sentenzenkommentar), und in die Frage, ob sie allgemein oder partikulär sei (fehlt als eigener Punkt im Sentenzenkommentar). Die Frage ist von Belang, weil die Wissenschaft an sich allgemein sein muss, die Theologie aber von Einzelereignissen wie der Erschaffung der Welt, dem Sündenfall, der Erlösung und dem letzten Gericht sprechen muss. Auch der Inhalt der *Quaestio* 4 fehlt in den Sentenzen, die Frage nach dem Unterschied der Theologie zu den anderen Wissenschaften. *Quaestio* 5, die Frage nach der Methode der Theologie, hat ihr Gegenstück in den Sentenzen (vierte Frage, 15b21, B). Im Kommentar beschränken sich die Überlegungen mehr oder weniger auf die Diskussion des vierfachen Schriftsinns, in der *Summa* wird sie in vier Kapiteln ausführlicher und technischer behandelt. Schliesslich folgt in der *Summa* noch eine *Quaestio* 6, welche die Frage des Verhältnisses der anderen Wissenschaften zur Theologie behandelt. Der Titel lautet *Ad quid est Theologia sicut ad finem*. Albert will hier danach fragen, welche Wissenschaft Zweck welcher anderen sei. Die Antwort lautet, dass alle anderen Wissenschaften um der Theologie willen seien, die Theologie sei *finis* aller anderen (Siedler, 23,16)

Der Paradigmenwechsel hat hier, wie auch in der *Summe* des Thomas sowohl inhaltlich als auch formal den adäquaten Ausdruck gefunden.

KAPITEL 5

Zusammenfassung im Hinblick auf die Rezeption

Wir versuchen nun, die Resultate aus der Analyse der Kommentare zu *Metaphysik* Λ von Albert und Thomas zusammenzufassen und sie auf die leitende Frage zu beziehen, welche Sedimente aus der mittelalterlichen Welt sich in unserem heutigen Verständnis von Aristoteles noch finden; dadurch sollen diese Sedimente explizit werden und es kann geprüft werden, ob und inwieweit sie mit der ursprünglichen Intention des aristotelischen Textes kompatibel sind; es wird sich auch ergeben, inwieweit gewisse Voraussetzungen oder Selbstverständlichkeiten dieses Verständnisses heute ausgeklammert werden müssen. Neben diesen Sedimenten aus dem Mittelalter, werden auch jene Punkte erwähnt, die zwar offensichtlich zum typisch mittelalterlichen Verständnis gehört haben, sich aber von selbst überlebt haben und heute auch bei jenen, die andere mittelalterliche Positionen vertreten, keine Rolle mehr spielen.

Die textliche Basis für die Folgerungen scheint zwar klein zu sein, das schmälert deren Repräsentativität,[119] doch, da es sich um die Kommentare zu *Metaphysik* Λ handelt, ist diese Basis inhaltlich entscheidend. Wir betrachten der Reihe nach, was sich hinsichtlich der Methode, der Inhalte und des Philosophietyps ergibt.

5.1 Methode

Albert und Thomas finden eine alte Tradition und verschiedene Formen des Kommentierens vor. Sie kennen nicht nur die lateinische Tradition, zu ihrer Zeit werden auch die wichtigen und grossen Kommentare der neuplatonischen Zeit bekannt. Aus diesen beziehen sie sowohl inhaltliche wie auch methodische Anregungen (z. B. die Gliederung). Albert wählt den anspruchsvollen problemorientierten Ansatz. Mehr noch, er verwendet die zu kommentierenden Texte ausdrücklich dafür, seine eigenen Gedanken darzustellen und zu begründen. Deshalb finden wir in seinem Metaphysikkommentar viele Digressionen. In der

119. Einige der folgenden Themen sind auf breiterer Basis behandelt im *Grundriss, Mittelalter* 4, 2017. Manche der hier gemachten Beobachtungen werden von verschiedenen Autoren des *Grundrisses* bestätigt.

Definition von Bonaventura (*Prooemium, Quaestio* V) ist dies die Art des *auctor*, Albert macht mit Aristoteles also dasselbe, was Petrus – mindestens im Verständnis von Bonaventura – mit der Bibel und den Kirchenvätern gemacht hat. Thomas wählt den eher technischen Ansatz der Glossen und der *expositio*, indem er, dem Text folgend, Ausdrücke und Absätze erläutert, teils explizierend, oft im Stil einer erweiternden Paraphrase. Konsequent stellt er dem Kommentar eine Gliederung des Textes voran.

In den Kommentaren zu den *Sentenzen* des Petrus Lombardus zeigt sich etwas Neues. Albert, Bonaventura und Thomas fügen ein methodisches Kapitel ein, das offensichtlich nicht Kommentar ist. Sie begründen darin, wie sie im Kommentar vorzugehen gedenken, was sein Gegenstand ist, was der Status des dafür nötigen Wissens ist. Offenbar genügt es ihnen nicht mehr, die Texte und das Geglaubte mit der Methode des mehrfachen Schriftsinns rational im Rahmen der *fides* zu erläutern, immer gestützt auf die *auctoritates*, wozu nicht nur die Bibel und die Kirchenväter gehören, sondern auch die Materialsammlungen, nein, es entsteht das Bedürfnis, die Erläuterung selbst zu reflektieren. Albert verlegt diese Reflexion in den Kommentarteil, wo sie eigentlich sachfremd ist, denn Petrus spricht nicht von dergleichen, Bonaventura und Thomas verlegen sie in ihr eigenes Vorwort. So ist sie deutlich gemacht als eigene Zutat.

Die Themen dieser Reflexionen sind tiefgreifend, sie betreffen das Wissen als solches, den Unterschied zwischen philosophischem und theologischem Wissen, den Unterschied zwischen deren Prinzipien, die Frage nach der Einheit des Wissens, nach der Priorität und Rangordnung des Wissens, die Frage nach dem Gegenstand der Theologie und nach dem Verhältnis zwischen ihrem Gegenstand und ihrer Weise des Wissens.

So entsteht bei Albert, Bonaventura und Thomas ein neues Paradigma der theologischen Argumentation. Die Notwendigkeit der Reflexion auf das Wissen hat sich als bleibend erwiesen. Natürlich ist die Reflexion auf das Wissen nicht hier entstanden, dergleichen hat schon Platon in verschiedenen Dialogen vorgemacht, doch diese Reflexion ist neu in der christlichen Theologie, und sie verdankt sich gewiss nicht Platons Vorbild. Beispiel eines anderen entscheidenden Aufbruchs zu dieser Reflexion sind Kants Kritiken. Es scheint, dass diese Reflexion immer wieder, oder wenigstens gelegentlich wieder, nötig ist. Die Einsichten, die sie vermittelt, gehen allzu leicht verloren, denn wir sind im Alltag hartgesottene Realisten; aber auch der Philosophie gehen die Realisten nicht aus, immer wieder gibt es Philosophen, die meinen, darauf verzichten zu können, die Bedingtheit des Erkennens, nicht nur nach der Seite der sinnlichen Ausrüstung des Wahrnehmenden, sondern auch hinsichtlich der Voraussetzungen, die der denkende Mensch in je seiner Welt mitmachen muss, zu thematisieren und in der Argumentation mit einzubeziehen.

5.2 Inhalte

5.2.1 Substanz-Metaphysik mit zugehöriger Theologie

Wie Albert das Verhältnis von Metaphysik und Theologie sieht, ist oben, 3.5, ausführlich dargestellt worden. Albert will beide Wissenschaften scharf trennen, die Metaphysik handelt vom Seienden als solchem, ihr höchster Gegenstand ist die separate, unbewegliche Substanz. In Alberts Verständnis hat auch Aristoteles in der unbeweglichen Substanz Gott gesehen, seine ganze Betrachtung bleibt jedoch im Rahmen der natürlichen Vernunft. Die Theologie dagegen handelt vom geoffenbarten Gott, durchaus auch rational, aber eben mit anderem Ausgangspunkt, mit den geoffenbarten Glaubenswahrheiten als Prinzipien und anderen Grenzen, den Grenzen, die der Glaube festlegt.

Auch Thomas trennt Metaphysik und Theologie. Der Metaphysik stellt er die *sacra doctrina* gegenüber. Worin diese besteht, erläutert er im Prolog zum Sentenzenkommentar und in der *Quaestio* 1 der *Summa Theologiae*, siehe oben, 3.6. In die folgende Kurzfassung davon beziehe ich auch den Prolog des Kommentars zur *Metaphysik* mit ein.[120]

Im *Sentenzenkommentar* führt Thomas aus, dass es, wenn die *contemplatio Dei* das eigentliche Lebensziel des Menschen ist, neben der Betrachtung der Geschöpfe, die dahin führt, noch einen besseren und zuverlässigeren Weg zu diesem Ziel geben muss. Unter Berücksichtigung des wohl obersten Prinzips, das für alle Überlegungen überhaupt gilt, dass Jesus der Weg, die Wahrheit und das Leben ist,[121] kommt als Weg nur die Betrachtung der Heiligen Schrift durch die *sacra disciplina* in Betracht. Das durch diese vermittelte Wissen ist einheitlich, obwohl Schöpfer und Geschöpf keine Gattung bilden, weil es die Einheit der Analogie hat. Diese Weise des Wissens ist zwar keine Ethik und doch der beste Weg, den Menschen zur Vollkommenheit zu führen, da sie durch das *divinum lumen* geführt wird. Gegenstand dieses Wissens ist nicht einfach Gott (das ist auch der Gegenstand der Philosophie des Aristoteles in der Sicht von Albert und Thomas), sondern genauer das *ens divinum cognoscibile per inspirationem*. Zur

---

120. Zum Verhältnis der Philosophie zur Theologie gibt es selbstverständlich eine umfangreiche Literatur, denn das Thema ist nicht nur für die Philosophiegeschichte sondern auch für die Neuscholastik wichtig; weitgreifende Übersichten in *Grundriss, Mittelalter*, 4, 2017; wichtig für mich war Andreas Speer, 2001, 248–275; Olga Weijers, revidierte Fassung eines Vortrags, gehalten im August 1987, download von core.ac.uk; Paul Wilpert (Hrsg.), 1963, darin speziell die Beiträge von Geyer, 3–13, Schmaus 30–49; Maria Burger, 2011, 97–114; Peter Classen, 1979.

121. *Johannes*, 14.6; Kontext: Abschiedsreden Jesu mit seinen Jüngern, vor seinem Verrat und Sterben.

Erreichung ihrer Ziele, nämlich der Zerstörung des Irrtums und der Führung zum ewigen Leben, bedient sie sich der Methode des mehrfachen Schriftsinns. Für die Zerstörung des Irrtums ist allerdings davon nur die historische, wörtliche Sinn brauchbar. Dass auch das ‚wörtliche' Verständnis eines Textes ein Verständnis unter Bedingungen ist, diese Reflexion fehlt selbstverständlich.

In der *Summa Theologiae* weist Thomas nach, dass es, obwohl die Philosophie von allem Seienden handelt, noch einer Wissenschaft neben dieser bedarf, denn die Philosophie ist an die Grenzen der natürlichen Vernunft gebunden. Nur die *sacra disciplina* kann von der göttlich inspirierten Heiligen Schrift handeln, der menschliche Verstand allein kann ihren Sinn nicht erfassen. Trotzdem kann die *sacra disciplina* die Bedingungen einer Wissenschaft erfüllen, wie sie Aristoteles in den *Zweiten Analytiken* aufstellt, sie ist also wissenschaftlich, obwohl sie nicht wie die Wissenschaften generell vom Allgemeinen, sondern von Einzelereignissen handelt (die Geschehnisse des Alten Testamentes, Geburt, Leiden und Tod Jesu im Neuen Testament beispielsweise). Die von Gott geoffenbarten Prinzipien, d. h. die Glaubenswahrheiten, sind denen der natürlichen Vernunft übergeordnet. Schöpfer und seine Geschöpfe bilden zwar nicht die Einheit einer Gattung, aber, insofern die *sacra doctrina* alles unter dem Gesichtspunkt Gottes behandelt, hat sie eine einheitliche formale Hinsicht in der Betrachtung ihrer Gegenstände (im Sentenzenkommentar hat Thomas noch mit der Analogie argumentiert). Die *sacra doctrina* ist sowohl ethisch als auch spekulativ, mehr aber noch spekulativ; die in ihr geübte Betrachtung Gottes kann den Menschen zur ewigen Seligkeit führen. Die Prinzipien der *sacra doctrina* sind höheren Ranges und gewisser als die Prinzipien der Wissenschaften, diese beruhen auf der menschlichen Vernunft, jene auf der göttlichen Erleuchtung. Die *sacra doctrina* ist *sapientia*, weil sie vom obersten Grund überhaupt, von Gott handelt. Ein Problem entsteht dadurch, dass eine Wissenschaft das Wesen, das *quid est*, ihres Gegenstandes erfassen können sollte, was im Falle von Gott nicht möglich ist; zudem handelt die Theologie noch von weiteren Dingen als von Gott. Aber ‚Gegenstand einer Wissenschaft' kann auch das bedeuten, wovon in ihr die Rede ist, und das ist bei der Theologie, wie der Name sagt, primär Gott. Sie geht argumentativ vor, wobei sie die durch den Glauben gesicherten Prinzipien zur Grundlage hat. Obwohl Metaphern, Gleichnisse usw. zur uneigentlichen Rede gehören, verwendet die Heilige Schrift diese Formen der Rede, denn für den Menschen ist es natürlich, über Sinnliches zu Geistigem zu gelangen. In der Auslegung verwendet die *sacra doctrina* den mehrfachen Schriftsinn, um zu erkennen, welche Bedeutung Gott den Dingen und Ereignissen zugemessen hat; für die Abwehrung des Irrtums durch Argumente ist allerdings nur der *sensus historicus vel litteralis* tauglich.

Der Kommentar zur *Metaphysik* steht zeitlich zwischen dem *Sentenzenkommentar* und der *Summa*. Im Prolog dazu möchte Thomas zeigen, dass die Wissenschaft, deren Grundtext er eben zu kommentieren vorhat, sowohl einheitlich als auch dreifaltig ist.[122] Sie heisst und ist Theologie, sofern sie die selbständige unbewegte Substanz betrachtet, sie ist Metaphysik, sofern sie nicht Naturdinge, sondern das Seiende als Seiendes betrachtet, und schliesslich ist sie Erste Philosophie, sofern sie die ersten Gründe des Seienden betrachtet. Im Kommentar zur *Metaphysik* will Thomas mehr integrieren als Albert. Was unter dem Titel Metaphysik zu besprechen ist, soll zwar eine einheitliche Wissenschaft sein; sie betrachtet das Seiende im Ganzen, doch nach drei verschiedenen Hinsichten, zum einen das Seiende als solches, dann nach dem fragend, was darin das Erste ist, und zuletzt, wie dieses Erste Grund ist. Die Spitze des Seienden überhaupt ist die selbständige unbewegte Substanz, die als Gott erster Grund des Seienden ist.

Wenn Thomas hier, im Prolog des Metaphysikkommentars, von Theologie spricht, meint er vermutlich nicht die (angeblich) spezifisch aristotelische, wie Albert das tut, sondern die christliche; jedenfalls legt das der Schluss des Kommentars zu *Metaphysik* Λ nahe, wo Thomas unmittelbar vom kommentierten aristotelischen Text zum christlichen Gott übergeht, siehe oben, p. 47.

Die Ausführungen im *Sentenzenkommentar* und in der *Summa* stehen der Position von Albert nahe. Thomas argumentiert in beiden mit der anderen Herkunft des Wissens um Gott, nämlich der Heiligen Schrift, dem Glauben, dem *lumen fidei*, den anderen Prinzipien der Theologie, d. h. die geoffenbarten Glaubenswahrheiten; doch, wenn man den unmittelbaren Übergang von der aristotelischen Theologie direkt zur christlichen Theologie am Ende seines Kommentars zu *Metaphysik* Λ betrachtet, stellen wir eine Position fest, die Thomas an anderer Stelle ablehnt. Theoretisch werden Metaphysik und Theologie mit einleuchtenden Gründen getrennt, faktisch findet sich trotzdem ein Übergang von der einen zur anderen.

Die Diskussion um den Status der *sacra disciplina* oder *sapientia*, d. h. der eigentlichen Theologie im Unterschied zur Theologie, welche aus *Metaphysik* Λ rekonstruiert werden kann, beginnt mit Albert, Bonaventura und Thomas, und intensiviert sich in der Folge.[123] Adriano Oliva hat minutiös miteinander verglichen, wie Thomas im Sentenzenkommentar und in der *Summa* bezüglich der *sacra disciplina* argumentiert.[124] Seine Untersuchungen ergeben, dass der Einfluss

122. *Dicitur enim scientia divina sive theologia, inquantum praedictas substantias considerat. Metaphysica, inquantum considerat ens et ea quae consequuntur ipsum. Haec enim transphysica inveniuntur in via resolutionis, sicut magis communia post minus communia. Dicitur autem prima philosophia, inquantum primas rerum causas considerat. Sic igitur patet quid sit subiectum huius scientiae, et qualiter se habeat ad alias scientias, et quo nomine nominetur.*

123. Speer, 2001, p. 256; siehe auch Jan A. Aertsen, Kent Emery, Andreas Speer, 2013.

124. Adriano Oliva, 2006, Chapitre VI.

der aristotelischen *Analytiken* in der *Summa* noch grösser ist als im zeitlich früheren *Sentenzenkommentar*. Weisheipl stellt die zwei Sets der Artikel in einer schönen Graphik einander gegenüber (1974, 65; siehe Anhang, Kapitel 6). In ihnen will er den Fortschritt in der logischen Ordnung vom *Sentenzenkommentar* zur *Summe* belegen. Weisheipl stellt klar heraus, dass die *sacra doctrina*, von der Thomas hier spricht, nicht die scholastische Theologie meint, sondern die auf der Offenbarung beruhende rational und argumentativ vorgehende Durcharbeitung der Heiligen Schrift, die letztlich zum ewigen Leben führt. Was die Abfolge der Themen im *Sentenzenkommentar* und in der *Summa* betrifft, scheint mir der Unterschied allerdings nicht so gross zu sein, wie Weisheipl es sieht (siehe die Gegenüberstellung seiner schematischen Darstellung und der Titel von Thomas im Anhang, Kapitel 6).

Die Metaphysik von Albert und Thomas ist konzipiert als eine Betrachtung des Seienden. Das eigentlich Seiende ist die Substanz, für die Wesen und Existenz die entscheidenden Merkmale sind. Von den verschiedenen Arten von Substanz wird die unbewegliche aber bewegende gesucht, und in dieser Gruppe das erste Bewegende, der erste Grund der Bewegung, jene Substanz, von der alles Sein ausfliesst. So mündet diese Metaphysik notwendig in einer christlichen, Aristoteles zugesprochenen Theologie. Das ist im Besonderen deshalb möglich, weil beide, Albert und Thomas, den *Liber de Causis* und die Werke von Dionysios Areopagita, egal ob echt oder nicht, für den Endpunkt aristotelischen Denkens halten. Diese beiden Quellen erlauben es ohne Weiteres, die Gedanken von Aristoteles im Christentum zu integrieren.

Dass das nicht zwingend so sein muss, zeigt Simplikios. Simplikios hatte noch ein klares Bewusstsein des Unterschieds seiner eigenen neuplatonischen Denkgrundlagen und der Prinzipien, die den zu kommentierenden Text lenkten, der äussert sich dazu in seinen Corollarien.[125] Genau dieses Bewusstsein des Unterschieds ist unterdessen verloren gegangen.

Strittig ist nicht das Faktum, dass Albert, Thomas und andere, die aristotelische Metaphysik auf einer neuplatonischen Basis rezipieren (oder, wenn man anders will, mit einem neuplatonischen Zielpunkt versehen), dies ist bekannt und anerkannt. Strittig ist, ob auf dieser Grundlage eine korrekte Interpretation des aristotelischen Textes möglich sei. Ein grosser Teil der Aristotelesforschung teilt auch heute noch diese Voraussetzungen und die daraus folgende angeblich aristotelische Theologie. Jedoch sind sowohl die Substanz-Metaphysik wie auch die zugehörige Theologie offensichtlich Zuwächse im Laufe der Rezeptionsgeschichte, das hat auch die kleinräumige Betrachtung bei Albert, Bonaventura und Thomas ergeben. Sie Aristoteles zuzuschreiben ist weder historisch korrekt noch

125. Siehe dazu E. Sonderegger, 1982.

kompatibel mit dem ursprünglich von Aristoteles verfolgten Ziel, der Reflexion auf *sein*. Die Substanz-Metaphysik und die daraus folgende Theologie sind die grundlegendsten Meinungen, die es abzulegen gilt.

5.2.2 Trinität, Christologie, Transsubstantiation, Gestirnsseelen

Einige Themen sind im Laufe der Zeit von alleine aus dem Kreis der Interessen der Philosophen ausgeschieden, auch bei jenen, die sonst mittelalterliche Voraussetzungen für richtig halten.

Niemand spricht mehr von den Gestirnsseelen, es sei denn, wie ich hier, aus historischen Gründen. Die Antworten der auf Albert und Thomas folgenden Astronomie auf die Frage, wie und warum die Gestirne sich so bewegen, wie wir es sehen, waren zu überzeugend. Und doch hat gerade dieses Thema bei Albert einen grossen Raum beansprucht. Die Vermittlung der Bewegung vom unbewegt Bewegenden zu unserem mundan Bewegten war eine interessante und mit den Mitteln der Zeit schwer zu bewältigende Frage.

Auch die Themen Trinität, Christologie, Transsubstantiation, haben sich aus der Philosophie verabschiedet, in Teilen der christlichen Theologie spielen sie natürlich immer noch eine Rolle, da einiges in der Pastoral davon abhängt. Gewisse hinter diesen christlichen Dogmen stehende Fragen sind allerdings immer noch lebendig, wenn auch nicht mehr im aristotelischen oder scholastischen Rahmen. In der Dialektik des Deutschen Idealismus spielt die Einheit der Dreiheit eine fundamentale Rolle,[126] allerdings nicht mehr als theologische Frage, sondern als Sein des Seienden, wie es auch schon bei Plotin mit den Begriffen μονή – πρόοδος – ἐπιστροφή gedacht war. Es könnte auch sein, dass die modernen Fragen nach der Persistenz von Seiendem, nach dem Status der Attribute, der Qualia, die Frage, ob Attribute einen Träger brauchen oder selbständige Bündel von Merkmalen bilden, die Frage der Transsubstantiation in anderer Weise, in einer anderen Welt wiederholt. Die eben genannten verabschiedeten Thesen sind so wenig wie die der Gestirnsseelen einfach abwegig oder sinnlos. Es sind Antworten einer bestimmten Welt auf Fragen, die auch in anderen Welten aktuell waren und werden können.

126. Bei Hegel nicht nur im „Göttlichen Dreieck" sondern in allen seinen Werken.

5.2.3 Einführung des Paares Essenz: Existenz, Ersatz der πρὸς ἕν-Relation durch die Analogie

Ἐνέργεια wurde als Wirklichkeit im realistischen Sinne, als Dasein, Vorhandenheit, Existenz, verstanden, übersetzt mit *actus* oder auch *esse*. Das ist sehr weit weg von dem, was Aristoteles mit dem griechischen Wort bezeichnen wollte. Bei ihm ist ἐνέργεια die Vollendung der Form, das Zusammenkommen der wesentlichen Bestimmungen bei einem Seienden. Es bezeichnet gleichsam die ἀκμή des entsprechenden Seienden, vorhanden ist das betreffende Seiende ja schon vorher und auch nachher.

Existenz trat in Verbindung mit Essenz eben zur Zeit, in der Albert und Thomas lebten und arbeiteten. Peter Schulthess schreibt:[127]

> Die Distinktion zwischen dem Wassein (essentia, Wesen) einerseits und dem aktualen Sein, Dasein bzw. der Existenz andererseits (esse) ist eine der fundamentalen Neuerungen der Metaphysik im lateinischen 13. Jahrhundert. Sie hielt in den lateinischen Westen Einzug mit der Rezeption der *Philosophia prima* des Avicenna, ...

Existenz wird ein Grundmerkmal der Substanz, siehe oben, p. 25, das gilt im Besonderen für Gott als oberste oder erste Substanz. Dass die Existenz des christlichen Gottes beweisbar ist, ist keine Entwicklung des Mittelalters, das war schon ein zentrales Anliegen der Apologeten, die sich in Konkurrenz zu alternativen Gottesbildern befanden. Das Begriffspaar erlangt zentrale Bedeutung, weil Essenz und Existenz von Gott fundamentale Glaubensartikel sind. Allerdings ist schwierig, über Gott zu reden, oder besser, tragfähige Aussagen über Gott zu machen. Die Essenz Gottes kann letztlich nicht erkannt werden, die Distanz von uns als Geschöpfen gegenüber dem Schöpfer ist unendlich. Trotzdem muss er irgendwie erkannt werden können. Dazu hilft die Analogie, allerdings nicht eine solche von Aristoteles, sondern von eigener Machart. Die πρὸς ἕν-Relation, womit Aristoteles die vielfältige Struktur von *sein* fasst und ihr Einheit gibt, wird durch die Seinsanalogie ersetzt,[128] was zur etwa selben Zeit geschieht, wie die Einführung der Unter-

---

127. *Grundriss Mittelalter*, 4, 1495.

128. Eine moderne Darstellung der Analogie aus neuscholastischer Sicht findet sich bei Rafael Hüntelmann, 2013:

> 11: Ein analoger Begriff ist ein solcher, bei der verhältnismäßig gleichbedeutende Dinge unter ein und denselben Begriff fallen.
> 14: Nun unterscheiden die Philosophen auch noch drei verschiedene Arten der Analogie, die wir zumindest noch kurz erwähnen sollten, denn bei der Analogie des Seins handelt es sich um eine ganz besondere Analogie.

scheidung von Essenz und Existenz (siehe oben, p. 23). Die Essenz ist auch inofern wichtig, als Gott nur *per essentiam* bewegen kann, sonst würde eine Veränderung in ihm stattfinden, siehe p. 63. Die Seinsanalogie ist speziell dafür entwickelt worden, um vom Verhältnis von Schöpfer und Geschöpf sprechen zu können, sie erleichtert die *theologica translatio*, die notwendig ist, weil von Gott ohnehin nur übertragenerweise oder uneigentlich gesprochen werden kann. Sie begründet dann auch die Rede von den Seinsstufen. Das Beispiel ‚gesund', das Hüntelmann für die Attributionsanalogie verwendet, ist bei Aristoteles ein Beispiel für die spezielle Verschiedenheit des Gebrauchs von *sein*, also für die πρὸς ἕν-Relation, die ein verschiedenes Verhältnis von Verschiedenem in Bezug auf Eines meint (siehe *Metaphysik* Γ 2). Die πρὸς ἕν-Relation ist deutlich von der Analogie unterschieden, die ein gleiches Verhältnis zwischen Verschiedenem bedeutet.

Albert und Thomas gebrauchen ganz selbstverständlich diese realistische Fassung der Substanz-Metaphysik aus der Tradition. Der Realismus, der Aristoteles zugeschrieben wird, gehört zu den gedanklichen Momenten, die am meisten ein Verständnis der aristotelischen Texte verhindern. Ich möchte allerdings nochmals hervorheben, dass der Realismus, der meint, sich auf Aristoteles berufen zu können, keineswegs bei Albert und Thomas, oder überhaupt erst im Mittelalter beginnt. Der Realismus ist ohnehin die uns immer am nächsten liegende Einstellung. Wir fallen in jedem Moment wieder in sie zurück, und sie ist ja auch im Alltag nötig und korrekt, jedoch nicht in der Reflexion. Die realistische Grundeinstellung hat schon bald nach Aristoteles eingesetzt, bereits in der *Metaphysik* von Theophrast ist eine realistische Tendenz zu sehen.[129]

Aus der Zeit von Albert und Thomas stammt der Ersatz der πρὸς ἕν-Relation durch die Seinsanalogie als Proportionionalitätsanalogie und die Entwicklung des Paares Essenz – Existenz. Die Frage der Analogie trat mit der Zeit in den Hintergrund, hingegen die Unterscheidung Essenz – Existenz hat bleibende Karierre gemacht. Beides sind Vorstellungen, die nicht aus dem Bereich aristotelischen Denkens stammen.

> 15: „Analogie der Attribution", ...
> Hierbei wird verschiedenen Dingen dasselbe Prädikat zugesprochen, aber in der Weise, dass dieses Prädikat bzw. der damit bezeichnete Inhalt nur einem dieser Dinge in eigentlicher Weise zukommt, den anderen in abgeleiteter Weise. Unser oben verwendetes Beispiel für die Analogie, nämlich die Gesundheit, ist eine attributive Analogie.
> Die *Seinsanalogie* ist eine Proportionalitätsanalogie. ...
> Bei dieser Analogie wird ein und dasselbe Wort von verschiedenen Dingen ausgesagt und zwar so, dass der Inhalt dieses Wortes allen Dingen formell in einer verhältnisgleichen Weise zugesprochen wird.

129. Nachweis siehe Erwin Sonderegger, 28. 03. 2020, 5.1.2, herunterzuladen bei philpapers.org.

5.3 Philosophietyp

Nicht nur die realistische Fassung der Existenz und die Seinsanalogie, die die Hierarchie von Schöpfer und Geschöpfen, und auch die Hierarchie innerhalb der Geschöpfe begründen kann, zeugen von der realistischen Tendenz, diese zeigt sich bei Albert und Thomas auch darin, dass beide glauben, die Hauptfunktion der Philosophie sei es, begründete Behauptungen aufstellen zu können, die zudem noch in ein System gebracht werden können. Sie bemühen sich, alles zu beweisen. Die Fragen, die sie stellen, stehen in der Tradition der *Quaestiones*-Literatur, die Fragen dienen dazu, ein Thema vorzustellen, zu dem man einen Beweis erbringen kann. Bei den Artikel zu den Quaestionen heisst es bei Thomas durchwegs *Videtur quod ...*, wobei von Anfang an klar ist, dass das jeweils zuerst Vorgestellte im *Respondeo*-Teil abgewiesen wird.

Es ist eine behauptende Philosophie, die eine Erklärung der Welt im Ganzen systematisch vorstellen will.

5.4 Latein

Mittellatein

Ausführliche Informationen zum Mittellatein findet man im *Handbuch der lateinischen Sprache des Mittelalters*, 5 Bände, Beck, München 1996–2004, von Peter Stotz, kurze Bemerkungen dazu vom Selben in: „Die lateinische Sprache im Mittelalter."[130] Für jemanden, der vom klassischen Latein her kommt, tönen beide Kommentare holprig und hölzern, doch manches davon ist einfach mittellateinische Sprachpraxis. Es ist ausgeschlossen und auch überflüssig, hier alle sprachlichen Formen durchzugehen (das findet sich bei Peter Stotz), es soll genügen, wenige Beispiele zu zitieren, die für mich eben auffällig waren.

Allgegenwärtig bei Thomas ist die Wendung *Et circa hoc tria facit.*

- *circa*: Schon im klassischen Latein können Präpositionen die Funktionen der Kasus unterstützen, im Vulgärlatein beginnen die Präpositionen die Kasus zu ersetzen, im Mittellatein und in den romanischen Sprachen wird es immer mehr die Regel.

130. Das ist die ungedruckte deutsche Originalfassung des Aufsatzes: „Le sorti del latino nel medioevo," erschienen in: Guglielmo Cavallo, Claudio Leonardi, Enrico Menestò," vol. II: 1994, S. 153–190. Mit freundlicher Genehmigung der Salerno Editrice, Rom (vom 20. Nov. 1995). Natürlich ist immer noch Karl Langosch, 1969, für kurze Auskünfte nützlich.

- *hoc*: Hier wäre ein Relativpronomen angebracht. Thomas weiss das natürlich, in der *Summa*, Quaestio 1, schreibt er eleganter *Circa quae*...
- *tria*: Es würde ein Bezugswort, das „Unterscheidungen," „Fragen," „Probleme" oder ähnliches bedeutet, erwartet.
- *facit*: *facere* und *habere* werden als Allerweltsverben verwendet; der Stamm *habe-* erscheint 2472-mal bei Albert im Met.-Kommentar, 143-mal im Kommentar zu Met. Λ; Thomas verwendet ihn 126-mal im Kommentar zu Met. Λ, *facit* und *faciunt* erscheinen 56-mal. – *facere* für „überlegen, vorschlagen, gliedern, fragen ... "ist schon sehr einfach. In der *Summa* verwendet Thomas sprachlich ansprechendere Formulierungen wie *Circa quae quaerenda sunt decem* oder *Ad primum sic proceditur ..., Ad primum ergo dicendum.*
- *se habere*, sich verhalten, ist zwar auch schon bei Plautus und Terenz, sowie bei Cicero und Horaz bezeugt, aber hier ist es richtig üppig, wenige Beispiele dafür aus Thomas' *Commentaria in Aristotelis Metaphysicam*:
  - 83988: *Uno modo secundum quod partes alicuius totius habent ordinem adinvicem ...*
  - *sicut iterum in his quae consequenter se habent ...*
  - *Et si entia se habent sicut ea quae sunt consequenter,*
  - 83989: *scilicet vel quod habeant se sicut ea quae sunt unius naturae et unius generis, quod esset si ens esset commune genus eorum vel qualitercumque communitatem habens ad ea*
  - Beispiel für *rationem habere*, für „begrifflich," „bedeuten" 84099: *Sed quia appetibile et bonum habent rationem finis, finis autem non videtur esse in rebus immobilibus, ut in obiectionibus tertii libri actum est, ideo hanc dubitationem removet;*

Τοῦτο δ' εἴρηται πῶς, 1075b34, übersetzt Moerbeke mit *Et hoc dictum est UT*, die *Anonyma* hatte *quasi.*

Bei Bonaventura, *Liber I sententiarum*, Prooemium, Quaestio IV, (ed. Quaracchi 1882, p. 14b), lesen wir: *sed non est dare alium nisi Magistrum* („man kann keinen anderen < Autor > als den Magister angeben"). Auch die *Diatriba editorum veterum*, 1751, bemerkt die nicht gerade klassische Form des Lateins von Bonvantura.[131]

131. *Bonaventurae Opera Omnia*, ed. Pelter, vol. I, Paris 1864, Tomus Primus, XXV: *Caeterum, ut de vocum usu aliqua dicamus, Bonaventurae sermo nec ita vulgaris est, ut Latini nihil habeat, nec ita demissus, ut nihil lucernae oleat. Complures, fatemur, in Bonaventurae libris leguntur voces, quae longe a Latio abesse videntur. Sed haec Bonaventurae danda venia est, qui a corruptis et perturbatis lacunis hauserit omnia.* Die Verfasser der Diatribe verteidigen im Übrigen Bonaventura sprachlich und sachlich gegen die Vorwürfe von: Casimiri Oudini *Commentarius de scriptoribus Ecclesiae antiquis illorumque scriptis tam impressis quam manuscriptis adhuc extantibus in ... Europae bibliothecis a Bellarmino, Pousevino, Philippo Labbeo ... ad artem typographicam inventam ...*: Weidmann, Leipzig 1722.

Das sind natürlich nur wenige Beispiele, sie sollen nicht mehr als ein Gefühl dafür geben, dass das sprachliche Gewand der Kommentare vielleicht zwar zeittypisch, aber doch irgendwie auffällig ist. Es könnte sein, dass bei Thomas das Latein im Kommentar weniger gepflegt ist als in der *Summa*, da der Kommentar vielleicht eher zu eigenen Zwecken verfasst worden ist, die *Summa* jedoch für den Lehrbetrieb.

Auf die Schwierigkeiten, die sich aus einigen strukturellen sprachlichen Unterschieden des Lateinischen gegenüber dem Griechischen ergeben, möchte ich etwas ausführlicher eingehen.

1. *Artikel*

Grosse Schwierigkeiten macht das Fehlen des bestimmten Artikels im Latein, den unbestimmten Artikel hat weder das Latein noch das Griechische. Der Ersatz mit *quod* ist denkbar schlecht. Es besteht im Latein deshalb keine Möglichkeit, die Substantivierung von Ausdrücken beliebiger Art formal zu kennzeichen. Die Substantivierung ist jedoch für die philosopische Terminologie, im Besonderen bei Aristoteles, enorm wichtig und ausserordentlich häufig.[132]

Ein Musterbeispiel ist die Übersetzung von τὸ τί ἦν εἶναι mit *quod quid erat esse*, sie führt völlig in die Irre. Der Zusammenhang τὸ … εἶναι ist nicht mehr ersichtlich, und die Formulierung legt nahe, dass es um die Frage *quid erat esse?* gehe, „was war, was bedeutet denn *sein*?“ Diese Auffassung wird bis heute noch vertreten. Es ist nicht mehr zu sehen, dass es um einen substantivierten Infinitiv geht. Dem lateinischen Ausdruck liegt auch nicht, wie es im Griechischen der Fall ist, eine normalsprachliche Wendung zu Grunde (viele Beispiele in den Komödien des Aristophanes); es gibt keine der Frage τουτί τί ἦν τὸ πρᾶγμα; entsprechende lateinische Wendung.

Der Unterschied des prädikativen und attributiven Gebrauchs eines Adjektivs wird durch die unterschiedliche Wortstellung in Bezug auf den Artikel bezeichnet; dies ist im Latein wegen des fehlenden Artikels nicht möglich.

2. *abhängige Aussagen*

Abhängige Aussagen werden kaum noch im aci. formuliert, sondern mit *quod* oder sogar mit *quia*. Bei Thomas im Kommentar zu Λ findet sich 850 mal *quod*, einige davon sind natürlich relativ, die übrigen zur Einleitung von abhängigen Aussagen; in 83987, im ersten Abschnitt der *Lectio 1* beispielsweise steht *quod* einmal für relativen Gebrauch, viermal leitet es eine Aussage ein.

---

132. Siehe in E. Sonderegger, 2012, I, 3.2 „Anführungen."

3. *Verbales*

Griechisch und Latein verwenden die Tempora sehr unterschiedlich, im Griechischen herrscht der Aspekt vor, im Lateinischen das Zeitverhältnis.

Modi: Latein hat keine eigene Form für den Optativ (besonders wichtig dabei seine Funktion als Potentialis, schon bei Platon, noch mehr bei Aristoteles), kein Medium (Reste davon bei den Deponentien, das ist dann aber eine lexikalische Erscheinung, nicht eine der Wortform), keinen Aorist, viel weniger Partikel, kein ἄν, beim Wunsch-Optativ steht *utinam*, doch für die weiteren Funktionen von ἄν gibt es kein Aequivalent.

Für die Philosophie und für Aristoteles besonders wichtig ist das Partizip ὄν, das im Griechischen ein Alltagswort mit verschiedenen Funktionen ist, dann in der philosophischen Fachsprache zentral wird. Latein hat keine Entsprechung dafür. Es muss sich behelfen mit *quod est*. Das später in Gebrauch kommende *ens* ist ein Kunstwort ohne Rückhalt in der lebendigen Sprache.

4. *Satzbau*

Dem Griechischen und dem Latein ist gemeinsam, dass die Kopula fehlen darf, dass meist kein Personalpronomen steht, wenn es Subjekt ist, der Grundaufbau des Satzes mit Subjekt und Prädikat.

Das Latein kennt die freie Wortstellung wie das Griechische, im Griechischen haben allerdings einige Wortklassen wie Enklitika, Negationen, Präpositionen, einige Partikel, eine feste Wortstellung, im Latein die Negationen, die Präpositionen.

Dass das Prädikat bei Subjekten, die ntr. pl. sind, im Singular steht, ist im Griechischen die Regel, im Latein nicht; das wirkt sich bei vielen neutralen Adjektiven und Pronomina beispielsweise καλά, πάντα, im Besonderen bei ὄντα, aus. Das Komplexive der Wortform geht verloren. Am selben Mangel leidet auch das Deutsche, es kann nicht unterschieden werden, ob vom Seienden im Singular (τὸ ὄν) oder im Plural (τὰ ὄντα) die Rede ist. Die Übersetzung von τὰ ὄντα mit „die Seienden" ist zwar nicht total falsch, aber trifft oft den Sinn nicht, weil es den Ton auf die vielen Seienden legt, was bei τὰ ὄντα nicht der Fall ist.

5. *Wortbildung*

Im Griechischen ist die Bildung neuer Nominalkomposita ohne Probleme möglich, wie es auch im Deutschen der Fall ist, das Latein kann das nicht. Latein kennt bei den Verben die Präpositionalkomposita, bei den Nomina Komposita mit *in-*, solche, die gebildet sind wie *-ficus, -volens, -fer*, wenige wie *agricola, magnanimus*; statt der Wortbildung durch Komposition bevorzugt es die Bildung durch Ableitung.

6. *Wörtliche Übersetzung*

Die *Translatio Anonyma* und auch Moerbeke, und, soweit ich sehe, die Übersetzer der Zeit generell, versuchen ‚ganz wörtlich' zu übersetzen. Es scheint, als ob damit das Ziel, objektiv zu bleiben und den intendierten Sinn exakt wiederzugeben, am besten zu erreichen sei; statt dessen verursacht diese Methode aber grosse Probleme. Der Versuch muss scheitern, wenn die Übersetzung zwischen Sprachen geschieht, die bei aller Gemeinsamkeit (Griechisch und Latein sind indogermanische Sprachen) dennoch strukturelle Unterschiede haben. Der Versuch die grösstmögliche Wörtlichkeit zu erreichen, hängt vielleicht mit den Bibelübersetzungen zusammen, wo es darauf ankam, das Wort Gottes in keiner Weise zu verändern, doch sowohl bei der Bibelübersetzung als auch bei der Übersetzung philosophischer Texte verstösst dieses Wort-Für-Wort-Prinzip zu sehr gegen die Struktur der Zielsprache. Pieter De Leemans, Valérie Cordonier und Carlos Steel schreiben im *Grundriss, Mittelalter*, 4, p. 117:

> In dieser Arbeit [des Übersetzens] wurde das Ideal einer «verbum de verbo»-Übersetzung hochgehalten, das von einer sehr engen Verbindung von Denken und sprachlichem Ausdruck ausgeht, und darauf abzielt, Autorität und Wahrheit des übersetzten Texts durch möglichst getreue Nachbildung zu bewahren.

Die Formulierung selbst legt die Widersprüchlichkeit des Ansinnens offen, denn wenn die Verbindung von Denken und sprachlichem Ausdruck sehr eng ist, gerade dann ist es nicht möglich, den Gedanken der Ausgangssprache in der Zielsprache getreu nachzubilden.

Schluss

Die Differenzen zum Griechischen einerseits, die es schwierig machen, denselben Gedanken Lateinisch zu fassen – schon Lukrez klagte über die *patrii sermonis egestas* – ,[133] und die gegenüber dem klassischen Latein nochmals veränderte Sprachstruktur des Mittellateins, führen zur Frage, was und wie vom ursprünglichen Gedanken denn überhaupt unter diesen Bedingungen nachvollzogen werden kann. Dasselbe gilt natürlich auch in Bezug auf alle anderen Sprachen. Es ist deshalb nicht erstaunlich, dass erhebliche Teile der Sekundärliteratur, die verfasst sind von Autoren, die wenig oder gar keine Griechischkenntnisse haben, und sich auf Übersetzungen irgendwelcher Art verlassen müssen, zu zweifelhaften Resultaten kommen, wenn sie dem griechischen Text gegenübergestellt werden.

---

133. Lukrez, *De rerum natura*, I 832; allgemein zur Frage, wie sich lateinische Autoren zur Möglichkeit, Griechisches in ihrer eigenen Sprache wiederzugeben, zur Einstellung lateinischer Autoren zu ihrer Muttersprache, siehe: Thorsten Fögen, 2000.

Die Veränderungen, die durch das Eintauchen des gesamten Denkens in die lateinische Sprache entstehen, sind noch grundlegender und verborgener als die Veränderungen, welche die neuplatonische Bedingungen im Verständnis aristotelischer Texte erzeugen. Auch dies hat natürlich nicht erst mit Albert und Thomas begonnen. Die philosophischen Neuplatoniker dachten noch in griechischer Sprache, auch manche ‚lateinische' Kirchenväter, die dem Neuplatonismus nahe standen, beherrschten noch die griechische Sprache, doch auch so leben und denken sie schon in einer anderen Welt. Im folgenden christlichen lateinischen Mittelalter ist der Wandel noch umfassender.

Aristoteles hat die Ausdrücke für die Kategorien, für die Gründe und vieles Weiteres mehr, ausgehend von Ausdrucksweisen der Alltagssprache gebildet.[134] Bekannt sind auch die Ausdrücke am Anfang der *Zweiten Analytiken*, B 1: Τὰ ζητούμενα ἐστιν ἴσα τὸν ἀριθμὸν ὅσαπερ ἔπιστάμεθα. ζητοῦνται δὲ τέτταρα, τὸ ὅτι, τὸ διότι, εἰ ἔστι, τί εστιν. Bei der grossen Anzahl der auf Anführungen beruhenden Termini ist offensichtlich, dass das ganze *Corpus Aristotelicum* und das ganze entsprechende Denken betroffen ist.

Weil der Artikel im Latein fehlt, ist es nicht möglich, die Zitate oder Anführungen aus der Umgangssprache formal zu kennzeichnen, sie werden durch Substantive ersetzt. Damit geht der Bezug der aristotelischen Terminologie auf die Alltagssprache vollkommen verloren. Wer *causa finalis* liest und versteht, kann nicht ahnen, dass das bei Aristoteles Gemeinte auf der gewöhnlichen umgangssprachlichen Wendung οὗ ἕνεκα, worum willen, weswegen, beruht.[135] Wer *quidditas* liest, kommt nie zur Einsicht, dass es sich beim τὸ τί ἦν εἶναι um einen Ausdruck handelt, dem eine Redewendung zu Grunde liegt, die in den Komödien des Aristophanes, in jenen Teilen, die der attischen Umgangssprache seiner Zeit nahe stehen, häufig belegt ist.[136] Dasselbe gilt natürlich auch, wenn *quod quid erat esse* da steht, diesem Gebilde entspricht kein üblicher lateinischer Ausdruck.

All dies führt zum Verlust des Bewusstseins der Herkunft und der Absicht dieser Begriffe. Sie stammen aus der Umgangssprache und ihr Zweck ist es, die Alltagsmeinungen unbehauptend zu reflektieren.

134. Umfangreiche Belege zu den sprachlichen Grundlagen der Anführungen bei Aristoteles bei Erwin Sonderegger, 2012, I, Kapitel 3.2, Anführungen.

135. Umfangreiche Nachweise zum Gebrauch des Ausdrucks bei Platon siehe, Anm. 228, p. 182, in 2.4 Teleology, in: Erwin Sonderegger, 28. 03. 2020, herunterzuladen bei philpapers.org.

136. Nachweise dafür E. Sonderegger, 2001, 113–122, jetzt bei philpapers.org; „Die Bildung des Ausdrucks τὸ τί ἦν εἶναι durch Aristoteles," (1983) 18–39, jetzt bei philpapers.org, siehe auch: Erwin Sonderegger, 2012, 180–186.

5.5 Nachbemerkung

Meine Ausführungen zu den Metaphysik-Kommentaren von Albert und Thomas, sowie zu einigen diesen Werken nahe stehenden Texten sind zu Ende.

Vielleicht denkt der eine oder andere Leser, da fehle doch noch etwas, nämlich der Nachweis, dass die eben besprochenen zentralen Meinungen bei Albert und Thomas sich in der modernen Standardinterpretation tatsächlich finden.

Ich kann auf diesen Nachweis verzichten, aus mehreren Gründen. Zum einen habe ich diesen Nachweis anderswo, im Kommentar zu *Metaphysik* Λ, in der englischen Version (*Aristotle, Metaphysics Λ, Introduction, Translation, Commentary, A Speculative Sketch devoid God*, 28. 03. 2020, Part II Preparing the Commentary, Chapter 2, The Traditional Reception of *Met.* Λ and its Difficulties, herunterzuladen bei philpapers.org,) schon erbracht.

Zum andern ist er überflüssig. Diese Thesen werden nicht nur in jedem guten oder schlechten Lexikons- oder Tagungsbeitrag (usw.) wiederholt, nein, auch wer sich in der anerkannten Literatur der Aristotelesforschung umsieht – ich nenne nur die zwei Kommentare zur Metaphysik Λ von Fabienne Baghdassarian (Vrin 2019) und Lindsay Judson (Oxford 2019), die von Christoph Horn herausgegebenen *New Essays* (Boston/Berlin 2016) oder das von Christof Rapp und Klaus Corcilius herausgegebene *Aristoteles Handbuch* (Stuttgart/Weimar, 2011) – wird ohne Schwierigkeiten die Überzeugung finden, dass sich Aristoteles' Denken auf den Gedanken der Substanz stützt; nicht nur Horn und Judson versuchen, die daran anschliessende These, dass Aristoteles darauf auch noch eine Theologie gebaut habe, plausibel zu machen; allerdings wird diese These seit Kurzem gelegentlich auch bezweifelt (Angaben dazu siehe meinen englischen Kommentar zu *Metaphysik* Λ, Part II, Chapter 2.2, sowie die Übersicht, die Fabienne Baghdassarian in der "Introduction" gibt), Standard ist das aber noch nicht, und auch die Zweifler an der Theologie sehen kein anderes mögliches Thema in der *Metaphysik* als die Substanz.

Schliesslich gibt der *benevole lector*, der eben diese Zeilen liest, selbst den Nachweis der Nachwirkung dieser mittelalterlichen Sicht, denn eine sehr grosse Mehrheit der Leser, wenn nicht fast alle, wird wohl etwas irritiert sein von dem Vorschlag, sich von der Substanz-Metaphysik bei Aristoteles zu verabschieden und bei ihm statt dessen die Frage nach dem Sein zu suchen oder mitzudenken. In Bezug auf diese Leser möchte ich es mit Aristoteles halten, der in Bezug auf Astronomen mit einander widerstreitenden Thesen sagte, man müsse alle wertschätzen, aber denen mit den besseren Argumenten folgen.[137]

137. Metaphysik, Λ 8, 1073b16.

KAPITEL 6

Anhang

Prolog zum Sentenzenkommentar und *Quaestio* 1 der *Summa Theologiae*

Die zwei schematischen Darstellungen der Artikel des Prologs zum Sentenzenkommentar und der *Quaestio* 1 der *Summa Theologiae* nach Weisheipl, 1974, 65; zum Vergleich der jeweilige Originaltext.

Thomas, *Sentenzenkommentar*:

an sit (art 1.)		1.	*Primo de necessitate ipsius.*
quid sit	is it one doctrine or many (art. 2)	2.	*Secundo, supposito quod sit necessaria, an sit una, vel plures.*
	is it practical or speculative (art. 3, ql. 1)	3.	*Tertio si sit una, an practica, vel speculativa; et si speculativa, utrum sapientia, vel scientia, vel intellectus.*
	is it science (art. 3, ql. 2)		
	is it wisdom (art. 3, ql. 3)		
	is God the subject of this science (art. 4)	4.	*Quarto de subiecto ipsius.*
de modo (art. 5)		5.	*Quinto de modo.*

Thomas, *Summa Theologiae:*

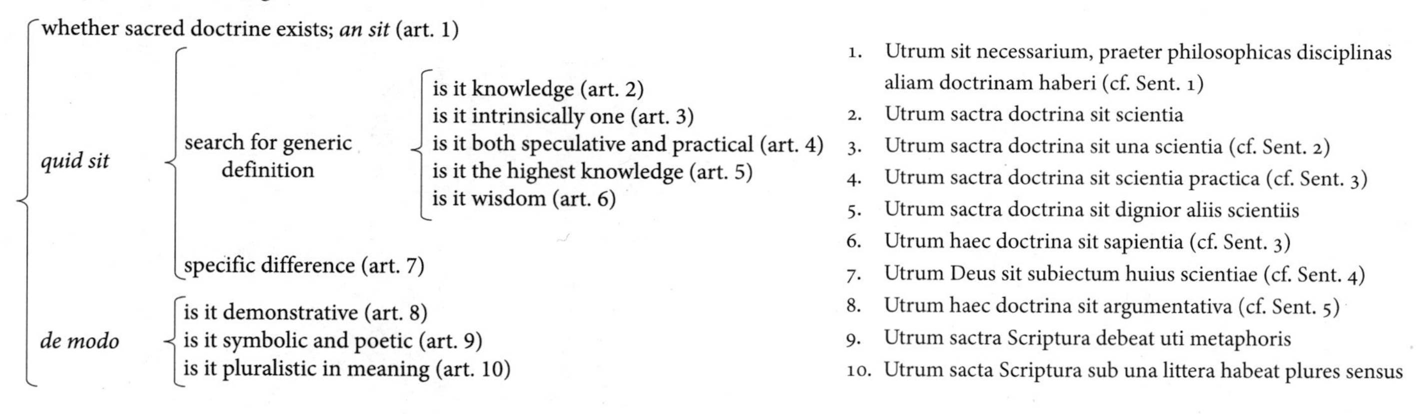

1. Utrum sit necessarium, praeter philosophicas disciplinas aliam doctrinam haberi (cf. Sent. 1)
2. Utrum sactra doctrina sit scientia
3. Utrum sactra doctrina sit una scientia (cf. Sent. 2)
4. Utrum sactra doctrina sit scientia practica (cf. Sent. 3)
5. Utrum sactra doctrina sit dignior aliis scientiis
6. Utrum haec doctrina sit sapientia (cf. Sent. 3)
7. Utrum Deus sit subiectum huius scientiae (cf. Sent. 4)
8. Utrum haec doctrina sit argumentativa (cf. Sent. 5)
9. Utrum sactra Scriptura debeat uti metaphoris
10. Utrum sacta Scriptura sub una littera habeat plures sensus

KAPITEL 7

Verzeichnis der zitierten Literatur

7.1 Antike und mittelalterliche Texte

Adelard von Bath, *Quaestiones Naturales*: Charles Burnett, Italo Ronca, Pedro Mantas Espafia, Baudouin van den Abeele (tr. and eds.), *Adelard of Bath. Conversations with his Nephew: On the Same and the Different, Questions on Natural Science, and On Birds*, Cambridge Medieval Classics 9, Cambridge: Cambridge University Press, 1998

Albertus Magnus, *Sentenzenkommentar: Alberti Magni Super I librum Sententiarum, Distinctiones 1–3*, edidit Maria Burger, Aschendorff, Münster 2013.

Albertus Magnus, Kommentar zu *De Caelo et Mundo: Alberti Magni … De Caelo et Mundo*, edidit Paulus Hossfeld, Aschendorff, Münster 1971.

Albertus Magnus, *De quattuor coaequaevis*, AMO (Borgnet) 34. 307–761; ed. Jammy, vol. 19, 1–235, Lyon 1651; ed. Borgnet, vol. 34, Paris 1895.

Albertus Magnus, *Summa: Sancti Doctoris Ecclesiae Alberti Magni, Tomus XXXIV, Pars I, Summa Theologiae, sive De mirabili scientia Dei, Libri I, Pars, Quaestiones 1–50A*, edidit Dionysius Siedler, P. A, Collaborantibus Wilhelmo Kübel et Henrico Georgio Vogels, Aschendorff, Münster 1978.

Albertus Magnus, *De animalibus libri XXVI*, ed. Hermann Stadler, (Beiträge zur Geschichte der Philosophie des Mittelalters XV - XVI), Münster 1916/1920.

Albertus Magnus, *De natura et origine animae processivi*, ed. Bernhard Geyer (Alberti Magnis Opera Omnia, Ed. Colon. XII), Münster 1955, 1–44.

Albertus Magnus, *De intellectu et intelligibili*, ed. Auguste Borgnet, (Alberti Magnis Opera Omnia, Ed. Paris. IX), Paris 1890.

Albertus Magnus, Kommentar zur *Metaphysik: Alberti Magni … Metaphysica*, edidit Bernhardus Geyer, Aschendorff, Monasterium Westfalorum 1960.

Albertus Magnus, Kommentar zu *Super Dionysium "De caelesti hierarchia": Opera omnia*, ed. Jammy (Lyon, 1651), volumen 13 (a, p. 1–200).

Albertus Magnus, *Super Dionysium "De divinis nominibus,"* ed. Paul Simon (Alberti Magni Opera Omnia, Ed. Colon. XXXVII/1), Münster 1972.

Albertus Magnus, *De causis et processu universitatis a prima causa*, ed. Winfried Fauser (Alberti Magnis Opera Omnia, Ed. Colon. XVII/2), Münster 1993.

Albert, *De Problematibus determinatis*, ed. James Weishelpl (Alberti Magni Opera Omnia, Ed. Colon. XVII/1), Münster 1975, 45–64.

Aristoteles, *Ethica Nicomachea*, I. Bywater, Oxford 1894.

Aristoteles, *Metaphysik: Aristotle's Metaphysics, A Revised Text with Introduction and Commentary* by W. D. Ross, two volumes, Oxford 1924 (repr. 1975)

Aristoteles, *Zweite Analytiken: Aristotelis Analytica priora et posteriora*, recensuit… W. D. Ross, Oxford 1968.

Aristoteles, *Physik: Aristotelis Physica*, recensuit…W.D. Ross, Oxford, 1950, (repr. with corrections 1966).

Augustinus *De Trinitate: Sancti Aurelii Augustini, De Trinitate Libri XV*, W.J. Mountain, auxiliante Fr. Glorie, Turnholti 1968 (Corpus Christianorum, Series Latina, L et La)

Augustinus, *De civitate Dei: Sancti Aurelii Augustini, De CivitateDei*, Corpus Christianorum, Series Latina, XLVII – XLVIII, 1 et 2, ed. B. Dombart (nach der Ausgabe von A. Kalb, 1928/29, Turnhout 1955.

Boethius, *Die Theologischen Traktate: A. M. S. Boethius, Die Theologischen Traktate*, Lateinisch-Deutsch, Michael Elsässer, Meiner Verlag, Hamburg 1988 (Philosophische Bibliothek Band 397); darin III, oft kurz zitiert als *De Hebdomadibus.*

Bonaventura, *Sentenzenkommentar: S. Bonaventurae Opera omnia*, edita studio et cura PP. Collegii A S. Bonaventura, "*Tomus I, Commentaria in Quatuor libros sententiarum Magistri Petri Lombardi*," Quaracchi, 1882.

Bonaventura, *Sentenzenkommentar: Bonaventurae… Opera Omnia, Tomus Primus*, ed. A.C. Peltier, Paris 1864.

Cicero, *De officiis, quartum recognovit C. Atzert*, Teubner, Leipzig 1971.

Cicero, *Academicorum Reliquiae cum Lucullo, recognovit O. Plasberg*, Teubner, Leipzig 1922 (reprint 1961).

Dictatus Papae, 1075, von Gregor VII: Cowdrey, Herbert E.J., ed. and trans. *The Register of Pope Gregory VII, 1073–1085: An English Translation.* Oxford: Oxford University Press, 2002. (Faksimile: https://religion.fandom.com/wiki/)

Dictatus Papae: Jaffé, Philippus, *Monumenta Gregoriana*, p. 174–176, Berlin 1965 (reprint).

Dictatus Papae: Das Register Gregors. VII, ed. E. Caspar (series M. G. H. Epistolae Selectae ii, Berlin 1920–3), pp. 202–8.

Hesiod, *Theogonia, Opera et Dies, Scutum*, edidit F. Solmsen, Oxford 1970.

Hugo von St. Viktor, *Summa de sacramentis christianae fidei: Hugonis de Sancto Victore De sacramentis Christiane fidei*, hrsg. von Rainer Berndt, Münster 2008 (Corpus Victorinum. Textus historici 1).

Isidor von Sevilla, *Etymologien*: W. M. Lindsay, Oxford 1911 (reprint 1957).

Liber de Causis: Andreas Bächli-Hinz, *Monotheismus und neuplatonische Philosophie. Eine Untersuchung zum pseudoaristotelischen Liber de Causis und dessen Rezeption durch Albert den Grossen*, Academia, Sankt Augustin 2004.

Liber de Causis: Adriaan Pattin (Hrsg.): *Le Liber de causis.* Edition établie à l'aide de 90 manuscrits avec introduction et notes. In: *Tijdschrift voor Filosofie* 28, 1966, S. 90–203

Liber de Causis: Andreas Schönfeld (Hrsg.): *Anonymus, Liber de causis. Das Buch von den Ursachen.* Meiner, Hamburg 2004.

Lukrez, *De rerum natura*, recognovit C. Bailey, Oxford 1922 (preprint 1967).

Macrobius, *Saturnalia*, recognovit I. Willis, Teubner, Leipzig ²1970.

Martianus Capella, *De nuptiis Philologiae et Mercurii*, edidit A. Dick, Teubner, Leipzig 1925.

Paulus, *Ad Corinthios* I, edd. Weber-Gryson, *Biblia Sacra iuxta Vulgatam Versionem*, Deutsche Bibelgesellschaft, 2006.

Petrus Lombardus, *Sentenzen: Petri Lombardi… Sententiarum libri quatuor*, per Joannem Aleaume, ed. Migne, Paris 1853.

Petrus Lombardus, *Sententiae in IV Libris distinctae Magistri Petri Lombardi, Parisiensis episcopi*, Editiones S. Bonaventurae, Ad Claras Aquas, Grottaferrata (Romae) 1971.

Platon, *Sophistes* in: *Platonis Opera, Tomus I*, recognoverunt e. A. Duke, W. F. Hicken, W. S. M. Nicoll, D. B. Robinson et J. C. G. Strachnan, Oxford 1995.

Platon, *Res Publica*, Ioannes Burnet, *Platonis Opera*, Tomus IV, Oxford 1902.

Plinius der Ältere, *Naturalis historia: Cajus Plinius Secundus der Ältere, Naturkunde / Naturalis historia libri XXXVII*, Lateinisch-deutsch, De Gruyter (A), 2., überarb. Aufl.; Berlin / Boston [2013]; ©1997.

Prisciani Institvtionvm grammaticarvm libri XIII-XVIII ex recensione Martini Hertzii, in: *Grammatici Latini*, ed. Keil Heinrich, Teubner, Leipzig 1855, vol. III.

Proklos, *Stoicheiosis Theologike*: E. R. Dodds, Proclus, The Elements of Theology a revised Text with Translation, Introduction and Commentary, Oxford 1933.

Proklos, Stoicheiosis Theologike: E. Sonderegger, Proklos, Grundkurs über Einheit, Sankt Augustin 2004, jetzt bei philpapers.org die überarbeitete Fassung: Erwin Sonderegger, *Proklos, Stoicheiosis Theologike – Grundkurs über Einheit, Einleitung, Lesetext nach Dodds, Übersetzung und Kommentar*, Juni 2023.

Seneca der Jüngere, *Naturales Quaestiones*, recognovit A. Gercke, Teubner, Leipzig 1907.

Thomas von Aquin, Prolog des Sentenzenkommentars: A. Oliva, *Les débuts de l'enseignement de Thomas d'Aquin et sa conception de la sacra doctrina. Avec l'édition du prologue de son commentaire des Sentences*, Vrin, Paris 2006.

Thomas, Kommentar zur *Metaphysik: Internetversion aus dem Corpus Thomisticum* (von hier stammen die fünfstelligen Zahlen, die mit 8 beginnen: 8xxxx).

Thomas von Aquin, Kommentar zur *Metaphysik: Ruedi Imbach, Thomas von Aquin, Kommentar zur Metaphysik des Aristoteles Lateinisch – Deutsch*, Herder, Freiburg im Breisgau 2021,

Simplikios, *Corollarium de tempore: E. Sonderegger, Simplikios, Über die Zeit, Ein Kommentar zum Corollarium de tempore*, Vandenhoeck & Ruprecht, Göttingen, 1982.

Theologia Aristotelis: Die sogenannte Theologie des Aristoteles, Dieterici, Friedrich, Leipzig, 1882 (reprint Amsterdam 1965).

Thomas von Aquin, Prolog zu seinem *Sentenzenkommentar : A. Oliva, Les débuts de l'enseignement de Thomas d'Aquin et sa conception de la sacra doctrina. Avec l'édition du prologue de son commentaire des Sentences*, Vrin, Paris 2006.

Thomas von Aquin, *Sentenzenkommentar*, Distinctio I von Thomas: *S. Thomae Aquinatis Scriptum super Libros Sententiarum Magistri Lombardi Episcopi Parisiensis*, cura R. P. Mandonnet, O. P., Tomus I, Parisiis, 1929.

Thomas von Aquin, *Summa: Sancti Thomae Aquinatis Summa Theologiae, Cura fratrum eiusdem Ordinis*, Prima pars, quinta editio, Matriti 1994.

Unam Sanctam, 1302, von Bonifatius VIII: siehe http://telma-chartes.irht.cnrs.fr/aposcripta /notice-acte/148678.

Thomas von Aquin, *De Ente et Essentia, De principiis naturae*, in: Leonina 43, Rom 1976.

Thomas Kommentar zur Metaphysik: *In duodecim libros Metaphysicorum Aristotelis expositio*, cura et studio M. R. Cathala – R. Spiazzi, Turin / Rom 1964.

Ysagoge in theologiam, siehe A. Landgraf, *Écrits théologiques de l'école d'Abélard*, Louvain 1934, 63–289.

7.2 Neuzeitliche und moderne Literatur

Albertus Magnus, Zum Gedenken nach 800 Jahren: Neue Zugänge, Aspekte und Perspektiven, Herausgegeben im Auftrag der Dominikanerprovinz Teutonia, durch Walter Senner O P, unter Mitarbeit von Henryk Anzulewicz, Maria Burger, Ruth Meyer, Maria Nauert, Pablo C. Sicouly O P, Joachim Söder, Klaus-Bernward Springer, Akademie-Verlag, Berlin 2001.

Aertsen, Jan A., Emery, Kent, Andreas Speer (Hrsg.), *Nach der Verurteilung von 1277 / After the Condemnation of 1277*, De Gruyter, Boston 2013.

Aertsen, Jan Adrianus; Emery, Kent & Speer, Andreas (eds.), *Nach der Verurteilung von 1277: Philosophie und Theologie an der Universität von Paris im letzten Viertel des 13. Jahrhunderts: Studien und Texte*, de Gruyter, 2001.

Aertsen, Jan, Emery, Kent, Speer, Andreas, Geoffrey Turner, "St. Thomas Aquinas on the "Scientific" Nature of Theology," in: *New Blackfriars*, November 1997, Vol. 78, No. 921 (November 1997).

Amerini, Fabrizio and Galluzzo, Gabriele(edd), *A Companion to the Latin Medieval Commentaries on Aristotle's Metaphysics*, Brill, Leiden / Boston 2014.

Anzulewicz, Henryk, in: *Albertus Magnus, Buch über die Ursachen und den Hervorgang von allem aus der ersten Ursache / Liber de causis et processu universitatis a prima causa* [Lib. I]. Übersetzt und hg. von H. Anzulewicz, M. Burger, S. Donati, R. Meyer und H. Möhle (Philosophische Bibliothek 580), Hamburg: Meiner, Philosophische Bibliothek, 580, Hamburg 2006.

Anzulewicz, Henryk, „Plato and Platonic/Neoplatonic Sources in Albert," in: Irven M. Resnick (ed.), *A Companion to Albert the Great, Theology, Philosophy, and the Sciences*, Brill, Leiden 2013, 595–600.

Anzulewicz, Henryk, „Zwischen Faszination und Ablehnung: Theologie und Philosophie im 13. Jh. in ihrem Verhältnis zueinander," in: M. Olszewski (Hrsg.), *What ist "Theology" in the Middle Ages?* (Archa Verbi. Subsidia I), Münster, Aschendorff 2007, 129–165.

Anzulewicz, Henryk, "Die Emanationslehre des Albertus Magnus: Genese, Gestalt und Bedeutung," in: Ludger Honnefelder, Hannes Möhle, Susana Bullido del Barrio (Hrsgg), *Subsidia Albertina 2, Via Alberti, Texte – Quellen – Interpretationen*, Aschendorff, Münster 2009, 219–242.

Anzulewicz, Henryk, "Plato and Platonic/Neoplatonic Sources in Albert," in: Irven M. Resnick 2013, 595–600.

Anzulewicz, Henryk, „Pseudo-Dionysius Areopagita und das Strukturprinzip des Denkens von Albert dem Großen," in: T. Boiadjiev/G. Kapriev/A. Speer (Hg.), 2000, 251–295.

Anzulewicz, "Die platonische Tradition bei Albertus Magnus: Eine Hinführung," in: Gersh and Hoenen, 2002, 207–277, spez. 274–275.

Anzulewicz, Henryk, „*Bonum* als Schlüsselbegriff bei Albertus Magnus," in: Walter Senner O P 2001, 113–140.

Anzulewicz, Henryk, „Der Metaphysik-Kommentar des Albertus Magnus und das Buch Lambda. Eine Einführung," auf philpapers.org.

Anzulewicz, Henryk, „Creatum primum potius est esse quam ens vel entitas. Wesen des ersten Geschaffenen gemäß der 4. Proposition des Liber de causis im Verständnis des Albertus Magnus," anlässlich der Tagung *The Conference "Being, The First Created Thing. Sources and Reception of the Book of Causes, Prop. IV"*, organised by Dragos Calma and Maria Evelina Malgieri, UCD Dublin, Nov. 5–6, 2021.

Anzulewicz, Henryk, „Hat Albertus Magnus das proklische Paradigma des *Liber de Causis* erkannt?" in: *Przegląd Tomistyczny*, t. XXVIII (2022), s. 109–133.

Barth, Karl, „Vortrag für die Versammlung der „Freunde der Christlichen Welt" auf der Elgersburg gehalten am 3. Oktober 1922," in: Karl Barth, *Das Wort Gottes und die Theologie. Gesammelte Vorträge*, München: Chr. Kaiser Verlag 1929, S. 156–178.

Baumgartner, in: Geyer, B., Baumgartner, M., *Ueberweg II*, [1926], reprint Schwabe, Basel 1967, 154,

Bayer, O., Peters, A., „Theologie," in: *Historisches Wörterbuch der Philosophie*, Schwabe, Basel, 1998, Bd. 10, Sp.1082.

Beccarisi, Alessandra, „3. Das Fortwirken des Platonismus," in: *Grundriss, Mittelalter* 4, Schwabe, Basel, 2017, 174–181.

Beierwaltes, W., „Licht," in: *Historisches Wörterbuch der Philosophie*, 5, Schwabe, Basel, 1980, Sp. 283–286.

Binding, Günther, *Baubetrieb im Mittelalter*, Wissenschaftliche Buchgesellschaft, Darmstadt 1993

Blumenberg, Hans, „Licht als Metapher der Wahrheit," In: *Studium Generale*, 10 (1957). S. 432–447;

doi Boiadjiev, T., Kapriev, G., Speer A, (Hg.), *Die Dionysius-Rezeption im Mittelalter. Internationales Kolloquium in Sofia vom 8. bis 11. April 1999 unter Schirmherrschaft der Société Internationale pour l'Étude de la Philosophie Médiévale* (Rencontres de Philosophie Médiévale, 9), Turnhout 2000, 251–295.

Boockmann, Hartmut, *Einführung in die Geschichte des Mittelalters*, Beck, München 1985.

Brachtendorf, J., Artikel "Uti/frui" in *Historisches Wörterbuch der Philosophie*, Band 11, Schwabe, Basel 2001, Sp. 500–503.

doi Brungs, Alexander, § 8. *Enzyklopädien und Florilegien*, in: *Grundriss, Mittelalter*, 4, 2017.

Brungs, Alexander, Mudroch, Vilem, Schulthess, Peter (Hrsgg.), *Grundriss der Geschichte der Philosophie, Die Philosophie des Mittelalters*, 4, 13. Jahrhundert, Erster Halbband, Herausgegeben von Alexander Brungs, Vilem Mudroch und Peter Schulthess, Schwabe, Basel 2017.

Burger, Maria, „Albertus Magnus. Theologie als Wissenschaft unter der Herausforderung aristotelisch-arabischer Wissenschaftstheorie" in: Ludger Honnefelder 2011, 97–114. 451–463.

Burnyeat, Myles, *A map of Metaphysics Zeta*, Mathesis Publications, Pittsburgh 2001.

doi Calma, Dragos (ed.), *Reading Proclus and the Book of Causes, Volume 1, Western Scholarly Networks and Debates*, Edited by Dragos Calma, Leiden 2019.

Calma, Dragos, Malgieri, Evelina (edd.), *The Conference "Being, The First Created Thing. Sources and Reception of the Book of Causes, Prop. IV"*, organised by Dragos Calma and Maria Evelina Malgieri, UCD Dublin, Nov. 5–6, 2021.

Casimiri Oudini *Commentarius de scriptoribus Ecclesiae antiquis illorumque scriptis tam impressis quam manuscriptis adhuc extantibus in … Europae bibliothecis a Bellarmino, Pousevino, Philippo Labbeo … ad artem typographicam inventam …* : Weidmann, Leipzig 1722.

Classen, Peter, *Die geistesgeschichtliche Lage im 12. Jahrhundert, Anstöße und Möglichkeiten*, Vortrag, gehalten in Zürich am 1. 11. 1979.

Colish, Marcia L., *The Stoic Tradition*, vol 2, Brill, Leiden 1990, Chapter Four, Augustine.

Cordonier, Valérie, De Leemans, Pieter, Steel, Carlos, „§7 Die Rezeption," in: *Grundriss …, Die Philosophie des Mittelalters 4, 13. Jahrhundert*, Erster Halbband, Schwabe, Basel 2017, 156.

doi Courtenay, William J., "Antiqui and Moderni in Late Medieval Thought," in: *Journal of the History of Ideas*, Jan. – Mar., 1987, Vol. 48, No. 1, pp. 3–10.

de Vries, Josef, *Grundbegriffe der Scholastik*, Darmstadt 1983².

doi Dod, B.G., „Aristoteles-Latinus," in: N. Kretzmann u. a. (Hrsg.), *The Cambridge History of Later Medieval Philosophy*, Cambridge 1982, 45–79.

Donati, Silvia, „Albert des Großen Konzept der scientiae naturales. Zur Konstitution einer peripatetischen Enzyklopädie der Naturwissenschaften," in: Ludger Honnefelder (Hg.), *Albertus Magnus und der Ursprung der Universitätsidee*, Berlin 2011, 354–381.

Donati, Silvia, „Albert der Große als Kommentator der Translatio Vetus der Schrift De memoria et reminiscentia des Aristoteles: Seine Vorlage und seine Kommentierungsmethode am Beispiel von Mem. 2,453a14-b4," in: Ludger Honnefelder, Hannes Möhle, Susana Bullido del Barrio (Hrsgg), *Subsidia Albertina 2, Via Alberti, Texte – Quellen – Interpretationen*, Aschendorff, Münster 2009, 509–560.

Dupont, A., "Using or Enjoying Humans," in *Augustiniana* 54 (2004) 475–506.

Ehlers, Leo J., „Monastische Theologie, historischer Sinn und Dialektik," in: Zimmermann, 1974, 79.

Elders, Leo J., "St. Thomas Aquina's Commentary on the *Metaphysics* of Aristotle," in: *Divus Thomas*, Oct./Dec. 1983, Vol. 86, No. 4, pp. 307–326.

Ferber, Raphael, *Platos Idee des Guten*, Academia, Dritte Auflage, 2015.

doi Fidora, Alexander, *Die Wissenschaftstheorie des Dominicus Gundissalinus Voraussetzungen und Konsequenzen des zweiten Anfangs der aristotelischen Philosophie im 12. Jahrhundert*, 2003.

Flasch, Kurt, *Meister Eckhart. Die Geburt der «Deutschen Mystik» aus dem Geist der arabischen Philosophie*, München 2006, 46–56.

doi Fögen, Thorsten, *Patrii sermonis egestas : ein Beitrag zum Sprachbewußtsein in der römischen Antike*, München : Leipzig : Saur, 2000, (Beiträge zur Altertumskunde : Bd. 150)

Maximilian Forschner, *Über das Glück des Menschen, Aristoteles, Epikur, Stoa, Thomas von Aquin, Kant*, Wissenschaftliche Buchgesellschaft, Darmstadt 1993.

doi Galluzzo, Gabriele, "Aquinas's Commentary on the Metaphysics," in: *A Companion to the Latin Medieval Commentaries on Aristotle's Metaphysics*, Brill Leiden 2014, 209–254.

Gauthier, René Antoine, „Notes sur Siger de Brabant. I. Siger en 1265," in: *RSPhTh* 67 (1983) 201–232. – Fortsetzung: „II. Siger en 1272–1275: Aubry de Reims et la scission des Normands," in: ibid. 68 (1984) 3–49.

doi Gersh, Stephen, and Hoenen, Maarten (edd),*The Platonic Tradition in the Middle Ages: A Doxographic Approach*, ed., Berlin 2002.

Geyer, Bernhard, „Die Übersetzungen der Aristotelischen Metaphysik bei Albertus Magnus und Thomas von Aquin," *Philosophisches Jahrbuch* 30:392–415 (1917).

Geyer, Bernhard, Baumgartner, Matthias, *Friedrich Ueberwegs Grundriss der Geschichte der Philosophie, Zweiter Band, Die patristische und scholastische Philosophie*, hrsg. von Bernhard Geyer, 10. Auflage, bearbeitet vonMatthias Baumgartner, Basel 1967 [1927].

Gili, Luca, "Thomas Aquinas's Commentary on Aristotle's Metaphysics: Prolegomena to the Study of the Text," in: *Divus Thomas*, Vol. 118, No. 1 (2015 – gennaio/aprile), pp. 185–218.

Göcke, Benedikt Paul (Hg.), *Die Wissenschaftlichkeit der Theologie*, Aschendorff, Münster 2018.

Grabmann, Martin, „Mittelalterliche lateinische Übersetzungen von Schriften der Aristoteles-Kommentateren Johannes Philoponos, Alexander von Aphrodisias und Themistios," in: *Sitzungsberichte der Bayerischen Akademie der Wissenschaften*, Philosophisch-historische Abteilung, Jahrgang 1929, Heft 7.

Grant, Edward, "When Did Modern Science Begin?" in: *The American Scholar*, Winter 1997, Vol. 66, No. 1 (Winter 1997), pp. 105–113.

Hedwig, Klaus, „Über einige wissenschaftstheoretische Probleme der Lichtmetaphysik," *Freiburger Zeitschrift für Theologie und Philosophie*, 54 (2007), S. 368–385.

Hegel, G.W F., „Rosenkranz' Bericht über das Fragment vom göttlichen Dreieck (1804)," in: Hegel, G.W F., *Werke in zwanzig Bänden, Band 2, Jenaer Schriften 1801–1807*, Suhrkamp Verlag, Frankfurt am Main, 1970, 534–539.

Honnefelder, Ludger, Wood, Rega, Dreyer, Mechthild, Aris, Marc-Aeilko (Hrsgg.), *Albertus Magnus und die Anfänge der Aristoteles-Rezeption im lateinischen Mittelalter, Von Richardus Rufus bis zu Franciscus de Mayronis, – Albertus Magnus and the Beginnings of the Medieval Reception of Aristotle in the Latin West, From Richardus Rufus to Franciscus de Mayronis*, Aschendorff Münster 2005.

Honnefelder, Ludger (Hrsg), *Albertus Magnus und der Ursprung der Universitätsidee, Die Begegnung der Wissenschaftskulturen im 13. Jahrhundert und die Entdeckung des Konzepts der Bildung durch Wissenschaft*, Berlin University Press, 2011.

Honnefelder, Ludger, Möhle, Hannes, Bullido del Barrio, Susana (Hrsgg), *Subsidia Albertina 2, Via Alberti, Texte – Quellen – Interpretationen*, Aschendorff, Münster 2009.

Hüntelmann, Rafael, *Grundkurs Philosophie II, Metaphysik*, editiones scholasticae, 2013.

Ruedi Imbach„ *Grundriss, Mittelalter* 4, 2017, 345.

doi R. Imbach, „Quelques observations sur la réception du libre XII de la Métaphysique chez Thomas d'Aquin," in: *Revue des sciences philosophiques et théologiques*, 2015/3, Tome 99, pages 377–407.

Jorissen, Hans, *Der Beitrag Alberts des Grossen zur theologischen Rezeption des Aristoteles am Beispiel der Transsubstantiationslehre*, Aschendorff, Lectio Albertina 5, Münster 2002.

Kant, *Kritik der praktischen Vernunft*, Herausgegeben von Horst D. Brandt und Heiner F. Klemme, Philosophische Bibliothek 506, Meiner, Hamburg 2003.

Konersmann (Hrsg.), *Wörterbuch der philosophischen Metaphern*, Darmstadt 2007.

Köpf, Ulrich, *Die Anfänge der theologischen Wissenschaftstheorie im 13. Jahrhundert*, Tübingen 1974.

doi Krause, Katja and Anzulewicz, Henryk, "From Content to Method: the *Liber de Causis* in Albert the Great," in: Dragos Calma (ed.), *Reading Proclus and the Book of Causes, Volume 1, Western Scholarly Networks and Debates*, Brill, Leiden 2019, 180–208.

Kretzmann, Norman, Kenny, Anthony, Pinborg, Jan, (edd.) *The Later Medieval Philosophy*, Cambridge, 1982.

Kreuzer, J., „Licht," in: Konersmann (Hrsg.), *Wörterbuch der philosophischen Metaphern*, Darmstadt 2007.

doi Krieger, Gerhard, *Die Metaphysik des Aristoteles im Mittelalter Rezeption und Transformation*, Akten der 14. Tagung der Karl und Gertrud Abel-Stiftung vom 4.–6. Oktober 2011 in Trier, Walter de Gruyter, Boston/Berlin 2016.

Langosch, Karl, *Lateinisches Mittelalter*, Wissenschaftliche Buchgesellschaft, Darmstadt 1969.

Landgraf, A. M., „Zum Werden der Theologie des zwölften Jahrhunderts," in: *Zeitschrift für katholische Theologie*, Vol. 79, No. 4 (1957), pp. 417–433.

LeGoff, Jacques, *Das Hochmittelalter*, Fischer Taschenbuchverlag, Frankfurt am Main 1965.

doi Leppin, Volker, (Hrsg), *Thomas Handbuch*, Mohr Siebeck, Tübingen 2016.

Lieberg, Godo„ „Die *Theologia tripertita* als Formprinzip antiken Denkens," in: *Rheinisches Museum für Philologie*, 1982, Neue Folge, 125. Bd., H. 1 (1982), pp. 25–53.

Lobsien, Verena Olejniczak, Olk, Claudia (Hrsgg), *Neuplatonismus und Ästhetik, Zur Transformationsgeschichte des Schönen*, de Gruyter, Berlin / Boston 2012; Lorenz, R., „Die Herkunft des augustinischen Frui Deo," *Zeitschrift für Kirchengeschichte*, 64 (1952–1953) 34–60.

doi Lohr, C. „The Medieval Interpretation of Aristotle," in: N. Kretzmann u. a. (Hrsg.), *The Cambridge History of Later Medieval Philosophy*, ebd., 80–98.

Lorenz, R., „Fruitio Dei bei Augustinus," *Zeitschrift für Kirchengeschichte*, 63 (1950–1951) 75–132.

Lorenz, R., „Die Herkunft des augustinischen Frui Deo," *Zeitschrift für Kirchengeschichte*, 64 (1952–1953) 34–60.

Olszewski, M., (Hrsg.), *What ist "Theology" in the Middle Ages?* (Archa Verbi. Subsidia I), Münster, Aschendorff 2007.

Pelster, F., „Die Uebersetzungen der aristotelischen Metaphysik in den Werken des hl. Thomas von Aquin: IV. Weitere Ergebnisse und Fragen" in: *Gregorianum*, 1936, Vol. 17, No. 3 (1936), pp. 377–406.

Pfligersdorffer, G., „Zu den Grundlagen des augustinischen Begriffspaares uti-frui," in *Wiener Studien*, 84 (1971) 195–224.

Price, B. B., "Interpreting Albert the Great on Astronomy," in: Irven M. Resnick (ed.), *A Companion to Albert the Great Theology, Philosophy, and the Sciences*, Brill, Leiden 2013, 397–436.

doi Resnick, Irven M. (ed.), *A Companion to Albert the Great, Theology, Philosophy, and the Sciences*, Brill, Leiden / Boston 2013.

Schiller, 1797, *Der Gang zum Eisenhammer.*

Schrimpf, Gangolf, *Das Werk des Johannes Scottus Eriugena im Rahmen des Wissenschaftsverständnisses seiner Zeit. Eine Hinführung zu Periphyseon*, Aschendorff, Münster 1982.

Schrimpf, Gangolf: „Philosophi, philosophantes. Zum Selbstverständnis der vor- und frühscholastischen Denker," in: *Studi medievali* 23 (1982) 697–727.

Schulthess, Peter, Erstes Kapitel, Philosophie im 13. Jahrhundert, § 1. Der Philosophiebegriff, in: Brungs, Alexander, Mudrock, Vilem, Schulthess, Peter, 2017, 1–40.

Schulthess, Peter, *§ 7. Die Rezeption (SL 238–245), „2. Die Rezeption der arabisch-islamischen Philosophie,"* in: Brungs, Mudroch, Schulthess, 2017, 162–173.

doi Senner, Walter, O P (ed.), *ALBERTUS MAGNUS, Zum Gedenken nach 800 Jahren: Neue Zugänge, Aspekte und Perspektiven*, Akademie-Verlag, Berlin 2001.

Sonderegger, Erwin, *Aristoteles, Metaphysik Z, Einführung, Übersetzung, Kommentar, Vollständig überarbeitete und um die Kapitel 13 bis 17 erweiterte Neuauflage*, Königshausen & Neumann, Würzburg 2012.

Sonderegger, Erwin, "Why οὐσία is not substance," German and English, bei philpapers.org.

Sonderegger, Erwin, „Boethius und die Tradition," erstmals erschienen in *Zeitschrift für philosophische Forschung*, 48 (1994), 558–571; jetzt bei philpapers.org.

doi Sonderegger, Erwin, „Die Bildung des Ausdrucks τὸ τί ἦν εἶναι durch Aristoteles," erstmals in: *Archiv für Geschichte der Philosophie*, 65 (1983) 18–39, jetzt bei philpapers.org.

Sonderegger, Erwin, „Zur Sprachform des Ausdrucks to ti en einai," in: *Rheinisches Museum für Philologie*, 144, 2001, 113–122, jetzt bei philpapers.org.

Sonderegger, Erwin, *Aristoteles' Theorie der Natur betrachtet unter den Bedingungen unserer heutigen hermeneutischen Situation*, 2021, herunterzuladen bei philpapers.org.

Sonderegger, Erwin, *Aristotle, Metaphysics Λ, Introduction, Translation, Commentary, A Speculative Sketch devoid God*, 28. 03. 2020, auf philpapers.org

Sonderegger, Erwin, *Proklos, Stoicheiosis Theologike, Grundkurs über Einheit, Einleitung, Lesetext nach Dodds, Übersetzung und Kommentar*, Juni 2023, herunterzuladen bei philpapers.org.

doi Speer, Andreas, „Sapientia nostra, Zum Verhältnis von philosophischer und theologischer Weisheit in den Pariser Debatten am Ende des 13. Jahrhunderts," in: Jan Adrianus Aertsen, Kent Emery Andreas Speer (eds.), 2001, 248–275.

doi Speer, Andreas, Rezensioin von Burnett, 1998, in: *Early Science and Medicine*, Brill, 2000, Vol. 5, No. 1, pp. 104–106.

Stotz, Peter, „Die lateinische Sprache im Mittelalter." Die ungedruckte deutsche Originalfassung des Aufsatzes: „Le sorti del latino nel medioevo," erschienen in: *Lo spazio letterario del medioevo, 1: „Il medioevo latino," Direttori: Guglielmo Cavallo, Claudio Leonardi, Enrico Menestò," vol. II: La circolazione del testo*, Roma 1994, S. 153–190.

Suchla, Beate R., „Verteidigung eines platonischen Denkmodells einer christlichen Welt," in: *Nachrichten der Akademie der Wissenschaften in Göttingen* I. Philologisch-Historische Klasse 1, Göttingen 1995, 5.

Tengiz, Iremadze, *Konzeptionen des Denkens im Neuplatonismus : Zur Rezeption der Proklischen Philosophie im deutschen und georgischen Mittelalter. Dietrich von Freiberg – Berthold von Moosburg – Joane Petrizi*, John Benjamins Publishing Company, Amsterdam 2004.

Torrell, Jean-Pierre, *Initiation à saint Thomas d'Aquin. Sa personne et son œuvre, Nouvelle édition profondément remaniée et enrichie d'une bibliographie mise à jour*, Paris, Cerf, 2015.

Torrell, Jean-Pierre, 2015, *Initiation à saint Thomas d'Aquin: sa personne et son oeuvre* (Fribourg / Paris 1993). – Die 2. Aufl., „revue et augmentée d'une mise à jour critique et bibliographique," 2002.

Tugendhat, Ernst, *Vorlesungen zur Einführung in die sprachanalytische Philosophie*, Suhrkamp, Frankfurt am Main 1976.

doi Turner, Geoffrey, "St. Thomas Aquinas on the "Scientific" Nature of Theology," in: *New Blackfriars*, November 1997, Vol. 78, No. 921 (November 1997), pp. 464–476.

Twetten, David, "The Prime Mover in Albert's Physics," in: *A Companion to Albert the Great; Theology, Philosophy, and the Sciences* Edited by Irven M. Resnick, Brill, Leiden 2013, p. 209–210.

Twetten, David, Baldner, Steven, "Albert's Aristotelian Paraphrases," in: Resnick, 2013, 168–172.

Verger, Jacques, in: Brings, Mudroch, Schulthess, *Grundriss, Mittelalter*, 4, Kapitel 2, § 2.

Vuillemin-Diem, Gudrun, "La traduction de la Métaphysique d'Aristote par Guillaume de Moerbeke et son exemplaire grec: Vind. phil. gr. 100 (J)," in: Wiesner, 1987, p. 434–486.

Webb, Simon, *The Life and Times of Adelard of Bath: Twelfth Century Renaissance Man*, 2019.

Weijers, Olga "*L'appellation des disciplines dans les classifications des Sciences aux XIIe et XIIIe siècles*," revidierte Fassung eines Vortrags, gehalten im August 1987, am achten Internationalen Kongress zur Mittelalterlichen Philosophie in Helsinki, «Connaissance scientifique et sciences dans la philosophie médiévale» download von core.ac.uk.

doi Weisheipl, James A., "The Meaning of Sacra Doctrina in Summa Theologiae I, q. 1," in: *The Thomist: A Speculative Quarterly Review*, Volume 38, Number 1, January, 1974, pp. 49–80.

Wieland, G., „Plato oder Aristoteles? Überlegungen zur Aristoteles-Rezeption des lateinischen Mittelalters," *Tijdschrift voor Filosofie* 47, 1985, 605–630.

doi Wiesner, Jürgen, (Hrsg.), Aristoteles, *Werk und Wirkung, Zweiter Band, Kommentierung, Überlieferung, Nachleben*, de Gruyter, Berlin 1987.

doi Wilpert, Paul (Hrsg.), *Die Metaphysik im Mittelalter, ihr Ursprung und ihre Bedeutung*, Vorträge des II. internationalen Kongresses für mittelalterliche Philosophie, Köln, 31. August–6. September 1961, de Gruyter, Berlin 1963; in Band 2 speziell die Beiträge von Geyer, 3–13, Schmaus 30–49.

Zeller, Eduard, *Die Philosophie der Griechen in ihrer geschichtlichen Entwicklung*, II, 2; 78, 176, 797, Darmstadt 1963 [Leipzig 1921].

Zimmermann, Albert, Vuillemin-Diem, Gudrun, (Hrsgg.) Antiqui *und* Moderni, *Traditionsbewußtsein und Fortschrittsbewußtsein im späten Mittelalter*, de Gruyter, Berlin / New York 1974.

Index